Jo Pestum
Die Ponyreiter

Malin

x-mas 97'

Der Autor:

Jo Pestum wurde 1936 in Essen geboren und wuchs im Ruhrgebiet auf. In Düsseldorf studierte er Malerei und kam über Umwege zum Beruf des Schriftstellers, Film-, Funk- und Fernsehautors. Inzwischen hat er viele Kinder- und Jugendbücher veröffentlicht, die mehrfach ausgezeichnet wurden. Durch den ständigen Kontakt mit jungen Lesern und Leserinnen findet der heute in Billerbeck bei Münster lebende Pestum immer wieder neue Stoffe für seine Bücher.

Jo Pestum

Die Ponyreiter

Mit Zeichnungen von Heribert Schulmeyer

Deutscher Taschenbuch Verlag

Ungekürzter Text
In neuer Rechtschreibung, Stand 1996
August 1997
Deutscher Taschenbuch Verlag GmbH & Co. KG, München

ISBN 3-7707-3005-4

Umschlagkonzept: Balk & Brumshagen
Umschlagbild: Heribert Schulmeyer
Gesetzt aus der Aldus 13/15˙
Gesamtherstellung: Kösel, Kempten
Printed in Germany · ISBN 3-423-70444-6

Die Neue
mit den goldenen Haaren

Pit spürte, dass die Sonnenstrahlen an seiner Nase kitzelten, doch er war entschlossen noch nicht aufzuwachen. Jedenfalls noch nicht richtig. Etwas Wunderschönes hatte er geträumt, das wusste er genau. Aber so sehr er sein Gehirn anstrengte, er konnte sich einfach nicht erinnern, wovon der Traum gehandelt hatte. Von Pferden? Von einem Segelschiff? Von einer Ballonfahrt durch die Wolken? Vielleicht hab ich ja von ganz herrlichem Kuchenessen geträumt, überlegte Pit, oder vom Fußballspielen. Leider kam er nicht dazu, noch länger nachzudenken.

»Pit!«, rief die Mutter. »Aufstehen, du Schnarchbär! Es ist höchste Zeit.«

Da kroch Pit tief in die warme Höhle unter der Bettdecke und kniff die Augen fest zu.

»Ich schlafe, ich schlafe, ich schlafe«, murmelte er. »Und was die Mama ruft, das kann ich gar nicht hören.« Aber er hörte es doch: »Pe-ter!« Oje! Jetzt wurde es ernst. Wenn die Mutter ihn Peter nannte, wurde es immer ernst.

An diesem Morgen war Pit jedoch entschlossen Widerstand zu leisten. Er schob den Kopf aus der Höhle und jammerte seinen jämmerlichsten Jammerton: »Ich kann nicht aufstehen, Mamm! Ich hab mir ein Bein gebrochen. Vielleicht ist es auch 'ne Mandelentzündung. Auf jeden Fall bin ich krank und ich kann unmöglich zur Schule gehen.«

Die Stimme der Mutter klang gnadenlos.

»Du kannst aufstehen, Peter! Du hast dir kein Bein gebrochen und du hast auch keine Mandelentzündung. Du bist vollkommen gesund und wirst selbstverständlich zur Schule gehen. Und wenn du jetzt nicht sofort aus dem Bett hüpfst, helfe ich mit dem nassen Waschlappen nach.«

Warum ist das Leben so grausam? dachte Pit. Im Badezimmer spritzte Pit sich drei Tropfen Wasser ins Gesicht. Als er aus der Schlafanzughose schlüpfen wollte, verhedderte er sich mit dem dicken Zeh, hopste haltlos auf einem Bein quer durch sein Zimmer, haute dabei die

Stehlampe um und landete mit dem Popo im Aquarium. Das ganze Haus wackelte von dem Lärm.

»Pit, was machst du denn da?«, rief die Mutter aus der Küche.

»Mein Morgentraining natürlich!«

»Das hört sich aber mehr nach einem Indianerüberfall an!«

Pit gab keine Antwort. Indianerüberfall! dachte Pit. Ich fühle mich wie ein Bleichgesicht nach einem Indianerüberfall.

Doch trotz seines elenden Zustands futterte Pit ein Brötchen mit Johannisbeermarmelade,

ein Brötchen mit Leberwurst und zuletzt ein Brötchen mit Löcherkäse. Mehr Brötchen waren leider nicht da.

»Jetzt muss ich also auch noch hungrig zur Schule gehen!«, maulte er. »Drei Brötchen sind mal grad was für 'nen hohlen Zahn.«

»Du siehst auch schon richtig verhungert aus«, sagte die Mutter ungerührt. »Vorsicht, der Kakao ist sehr heiß!«

Aber da hatte Pit sich schon die Zunge verbrannt. Mit einem Schrei ließ er den Becher fallen. Der zersprang in tausend Scherben. Pits Hose sah aus, als hätte sie die Masern.

»Ach, Pit«, stöhnte die Mutter, »warum bist du nur solch ein Pechvogel?«

»Wenn ich jetzt im Bett läge, wär das jedenfalls nicht passiert«, gab Pit zu bedenken. »Und wenn alle Leute im Bett blieben, gäb's auch keine Verkehrsunfälle.«

»Und wenn du dich nicht schleunigst auf die Socken machst, kommst du zu spät in die Schule. Ist dir das klar?«

»Ja«, sagte Pit. Er suchte nach seiner Schultasche. Nachdem er in allen Zimmern nachgeschaut hatte, fiel ihm ein, dass sie möglicherweise im Fahrradkeller sein könnte. Dort fand er sie dann auch. Hab ich eigentlich die Hausaufgaben gemacht, überlegte Pit, oder habe ich sie nicht gemacht? Er beschloss seinen Kopf nicht weiter mit diesen Fragen zu belasten.

Der Vater stocherte mit dem Spaten im großen Asternbeet herum und lockerte die Erde. Vater Albert Huskamp und Mutter Doris Huskamp hatten eine Gärtnerei. Manchmal musste Pit mithelfen beim Blumenabschneiden oder Büschebegießen. Der Vater hatte sich das grüne Seppelhütchen aufgesetzt, das ein bisschen wie eine Gartenzwergmütze aussah und viel zu klein war für seinen großen Kopf.

»Pit, du kommst zu spät zur Schule!«, rief der Vater.

»Ja!«, antwortete Pit und winkte dem Vater zu. Pit lief die Dorfstraße hinunter. Weil er zu hastig gegessen hatte, bekam er einen Schluckauf. Hicks! So machte es bei jedem Schritt. Hicks! Hicks! Pit fand das lustig. Er schaute den Dohlen zu, die um den Kirchturm kreisten, und darum bemerkte er das Moped nicht, das vor der Metzgerei aufgebockt war. Es gab einen schönen Knall, als das Moped umfiel. Pit tat sich nur ganz wenig weh. Und auf einmal war der Schluckauf weg.

»Hast du keine Augen im Kopf?«, schimpfte die Frau mit dem Eulengesicht, der das Moped gehörte.

»Nein«, sagte Pit, »aber dafür habe ich vier Ohren.« Natürlich kam er zu spät zur Schule, doch an diesem Morgen war das nicht schlimm, denn in der Klasse ging es zu wie auf dem Rummelplatz. Stefan Brillenschlange spielte mit Händen und Füßen Schlagzeug auf der Fensterbank. Ute und Valentin machten mit Pflaumenkernen Zielspucken in den Papierkorb und trafen kein einziges Mal. Margit und Ole hockten auf dem Fußboden und spielten Kniffel. Tommy mit dem Goofy-Pulli veranstaltete auf dem Tisch so eine Art Schüttelfrosttanz. Es herrschte ein herrlicher Lärm.

»He, Pit!«, kreischte Susanne. »Weißt du's schon? Wir kriegen eine Neue!«

»Das weiß ich doch schon mindestens seit

drei Wochen«, sagte Pit und grinste überlegen. Er dachte: eine Neue? Das ist aber wirklich eine Überraschung!

»Du gibst doch bloß an!«, fauchte Susanne.

Darauf konnte Pit nicht mehr antworten und das war auch gut so. Frau Updenacker kam nämlich in diesem Augenblick in die Klasse gestürmt. Weil sie wütend war, wippte ihre Kurzhaarfrisur wie ein Entenschwanz.

»Bin ich hier etwa in einem Affenkäfig?«, rief Frau Updenacker und klatschte kräftig in die Hände. »Los, jeder auf seinen Platz! Helga, nimm den Finger aus der Nase! Und wenn es nicht sofort mucksmäuschenstill ist, dann ...« Ja, was dann? Frau Updenacker wusste es wohl selber nicht.

»Wo ist denn die Neue?«, fragte Sarah enttäuscht.

»Der Rektor spricht noch mit ihr und ihren Eltern«, erklärte Frau Updenacker. »Sie wird gleich hier sein. Und benehmt euch jetzt bitte wie halbwegs normale Menschen! Oder soll Pia vor Schreck in Ohnmacht fallen, wenn sie in unsere Klasse kommt?«

»Heißt sie Pia?«, riefen ein paar Kinder gleichzeitig.

Von so blöden Fragen bekam Pit immer Bauchschmerzen. Gerade hatte die Lehrerin gesagt, dass sie Pia heißt, und dann fragen diese Knallköpfe: Heißt sie Pia? Pit dachte: Es ist kein Wunder, dass meine Haare langsam grau werden.

»Sie heißt Pia Caracciola.« Frau Updenacker schrieb den Namen an die Tafel.

»Eine Ausländerin?« Das schrien die Kinder und machten große Augen. Eine Neue in der Klasse: Das war eine Überraschung. Aber eine Ausländerin: Das war eine Doppelüberraschung.

»Die Caracciolas sind Italiener«, sagte Frau Updenacker.

»Leute, haltet eure Taschen zu!«, brüllte Horsti. »Die Italiener klauen! Hat mein Opa gesagt.«

»Leute, haltet eure Nasen zu!«, brüllte da Pit. »Der Horsti stinkt! Hat meine Oma gesagt.«

Und weil Horsti und Pit so laut gebrüllt hatten, brüllten auch die anderen Kinder albern durcheinander: »Der Horsti stinkt!«

Horsti sprang zornig von seinem Stuhl auf. »Ich stinke ja gar nicht! Der Pit lügt!«

Und da sprang auch Pit zornig von seinem Stuhl auf. »Die Italiener klauen ja gar nicht! Der Horsti lügt!«

Das Geschreie und Gejohle und Gebrülle und Gelache machten Frau Updenacker wütend.

»Ruhe, ihr Brüllaffen!« Dann wurde sie sehr ernst. »Horsti, ich finde es ganz schlimm, dass du solch einen hirnrissigen Unsinn behauptest. Wenn gewisse Leute so einen Quatsch reden, musst du das dann auch noch nachplappern? Ich hab euch schon hundert Mal gesagt: Erst denken, dann reden!«

»Der Horsti kann doch gar nicht denken!«, rief Pit. »Der hat doch nur Apfelmus und Ketchup im Kopf!«

Horsti wollte gerade auf Pit losgehen, da klopfte es an der Tür. Rektor Schmude guckte durch den Türspalt und hielt den Finger vor den Mund. Sofort hörte der Krach auf, denn Herr Schmude war ein unheimlich strenger Rektor. Jeder fürchtete sich vor ihm.

»Ich bringe euch hier die Pia, eure neue Mit-

schülerin«, sagte Rektor Schmude und schob ein zierliches Mädchen in den Klassenraum. Dann machte er die Tür wieder zu und war verschwunden.

Die Neue!

Pit spürte einen Schlag, der konnte nur von einer Starkstromleitung stammen. Sein Herz bullerte wie eine Trommel, in seinem Hals steckte auf einmal ein komischer Kloß, vor seinen Augen flimmerten bunte Sterne. Pit dachte: Ich glaube, ich werde verzaubert! Ob die Pia vielleicht ein Wesen aus einer anderen Welt ist? Ganz genau wusste Pit jedenfalls, dass er noch nie solch ein schönes Mädchen gesehen hatte. Seine Knie waren ganz weich wie Wackelpudding.

Pia trug eine hellblaue Kordlatzhose und eine brombeerfarbene Bluse. Und weil das Morgenlicht sie wie ein Scheinwerfer anleuchtete, glänzten ihre rötlichen Haare so wunderbar strahlend, als wären sie aus Gold. Das schmale Gesicht mit den großen dunklen Augen war so zart wie das von einer Haselmaus.

Hingerissen starrte Pit das Mädchen an.

Frau Updenacker sagte zu Pia: »Willkommen in unserer Klasse! Willst du dich zu Jens an den Tisch setzen? Dort ist noch ein Platz frei.«

Jens, ich hasse dich! fuhr es Pit durch den Kopf. Pia nickte freundlich und setzte sich auf den Stuhl neben Jens. Sie schob ihre Schultasche unter die Tischplatte und senkte ein wenig verlegen den Kopf, weil sie die neugierigen Blicke der anderen Kinder spürte.

Der Unterricht begann. Die Mädchen und Jungen sammelten Hauptwörter mit »ie«. Frau Updenacker stand an der Tafel und schrieb die Wörter an. Der verzauberte Pit hörte kaum zu. In seinem Kopf drehte sich ein verrücktes Karussell. Schräg vor ihm saß ein Mädchen mit goldenen Haaren und er sollte sich Wörter mit »ie« ausdenken! War das denn nicht unmöglich?

Nein, es war nicht unmöglich. Plötzlich war Pit an der Reihe.

»Jetzt du, Pit! Nenn mir ein Wort!« Frau Updenacker zielte mit der Kreide auf Pits Nasenspitze. Pit schreckte auf, als hätte man ihn bei einem spannenden Film gestört. Das Wort *Liebe* fiel ihm ein, doch das wollte er unter diesen Umständen nicht sagen. Zum Glück schossen ihm sofort andere Hauptwörter mit »ie« in den Kopf. Schnell rasselte er die runter: »Dieb, Sieb, Hieb, Ziege, Wiege, Fliege!«

»Donnerlüttjen!« Frau Updenacker nickte anerkennend und schrieb Pits Wörter an die Tafel. »Und jetzt Stefan!«

Pit klappte die Ohren wieder zu. Er wollte nicht hören, was Stefan zu sagen wusste. Er schaute gebannt zur Tafel, doch dass da Biene, Schiene, Klavier, Riemen, Tier, Wiese, Getriebe, Stier und solche Wörter angeschrieben waren, das sah er gar nicht. Er las nur immer wieder den Namen, der noch immer dastand: Pia Caracciola.

Ganz, ganz leise, damit es kein anderer hörte, flüsterte Pit den Namen: »Pia Caracciola.« Das klang wie Musik. Und diese Musik fühlte er von den Zehenspitzen bis zu den Ohren.

Pia stand in der Pause zuerst einmal einsam herum. Dann nahmen Susanne und Ute sie bei der Hand und zogen sie mit zum Hüpfekästchenspielen. Pit sah aus der Ferne zu. Er hätte gern mitgespielt! Aber er traute sich nicht. Der komische Kloß klebte nämlich noch immer in seinem Hals. Der flutschte erst weg, als Pit zu Hause beim Mittagessen saß. Frikadellen mit Bratkartoffeln: eine von Pits Lieblingsspeisen.

»Wir haben eine Neue in der Klasse«, sagte Pit mit vollem Mund. »Sie heißt Pia Caracciola.«

Der große Bruder Martin arbeitete beim Wasserwerk und kam in der Mittagspause immer nach Hause. Michael, der andere große Bruder, war bei der Sparkasse in der Stadt angestellt und konnte natürlich nicht zum Mittagessen kommen. Martin wusste alles, was es an Neuigkeiten gab im Dorf.

»Die Caracciolas haben das Wirtshaus von Oma Blaschke übernommen«, sagte Martin. »Das wird jetzt ein italienisches Speiselokal. So richtig mit allem Pipapo.«

Da hatte Pit plötzlich eine Idee.

Kein Bier für Pit

»Also, der Negersklave geht jetzt wieder auf die Baumwollfelder.« Diesen Satz sagte Martin jeden Tag, wenn er nach dem Essen wieder zum Wasserwerk radelte.

»Pit, willst du diesen Nachmittag ein bisschen in der Gärtnerei helfen?«, fragte die Mutter. »Die Dahliensträuße für den Markt müssen gebunden werden und jemand muss auch die reifen Tomaten pflücken. Da wird's wirklich höchste Zeit.«

Aber Gartenarbeit und Pits Idee, das passte nun wirklich nicht zusammen. Pit hielt den Kopf schief und sagte mit schmerzvollem Gesicht: »Ich kann leider nicht helfen. Was wir an Hausaufgaben aufgebrummt gekriegt haben, also! Das ist ganz furchtbar. Ich weiß nicht, ob ich bis Mitternacht damit fertig werde. Fünfhundert Wörter mit »ie« muss ich aufschreiben.«

»Fünfhundert?«, fragte der Vater. »Hab ich das richtig gehört?«

Pit nickte lebhaft. »Mindestens fünfhundert!«

»Na ja, Schule geht vor«, sagte der Vater und schlüpfte in die Gummistiefel.

»Fünfhundert Wörter mit ›ie‹ gibt es überhaupt nicht«, erklärte die Mutter und schlüpfte auch in die Gummistiefel.

»Das habe ich mir schon gedacht.« Pits Gesicht war noch immer schmerzvoll. »Dann muss ich eben ein paar neue Wörter mit ›ie‹ erfinden. Dafür braucht man viel Zeit, das könnt ihr mir glauben. So gut wie ihr möchte ich's auch haben! Ihr könnt jetzt schön im Garten arbeiten und ich muss im Haus sitzen und diese hässlichen Hausaufgaben machen.« Und weil Pit diesen Ausspruch so ergreifend fand, fügte er auch noch hinzu: »Warum ist das Leben so grausam?«

Aber dann! Kaum waren Vater und Mutter aus dem Haus, da hastete Pit hinauf in Michaels Zimmer. Er wusste natürlich, in welcher Schrankschublade sein großer Bruder Nummer zwei das Sternguckerfernrohr aufbewahrte.

In der Dachschräge war ein Klappfenster ein-

gebaut worden. Leicht war es nicht das Fenster hochzustemmen, aber Pit schaffte es. Von Michaels Bett aus kletterte er auf den Rand der Fensterluke und ließ die Beine nach draußen auf die Dachziegel baumeln. Das war streng verboten, klar, aber auf dieses Verbot konnte Pit an diesem Nachmittag keine Rücksicht nehmen, außerdem sah es ja keiner.

Pit drehte an der Feineinstellung des Fernrohrs, bis er alles in der Ferne klar erkennen konnte: Bauer Gerlinghoffs Kühe, die Ziffern der Kirchturmuhr, den Bagger auf der Müllkippe und die Seerosen auf dem Ententeich.

Doch dann richtete Pit das Fernrohr auf sein wirkliches Ziel und sein Herz fing wieder an zu bullern. Ha, jetzt sah er ganz deutlich den Eingang von Oma Blaschkes Wirtshaus! Da war sogar schon ein neues Schild über der Tür: *Ristorante Toscana.* Und darunter: *Inhaber Bruno Caracciola.*

»Caracciola«, flüsterte Pit, »Pia Caracciola!«

Und dann begann das lange Warten.

Aber Indianerspäher Pit hatte unendlich viel Geduld. Da konnte das Blut in den Beinen kribbeln, als ob ein Ameisenheer durch die Adern marschierte, da konnten die Arme lahm werden von dem schweren Fernrohr, da konnten die Tränen in die Augen strömen von dem angestrengten Gucken: Pit blieb eisenhart auf seinem Beobachtungsposten. Er dachte: Einmal muss sie ja aus dem Haus kommen!

Pits Geduld wurde auf eine harte Probe gestellt. Zwar ging manchmal jemand hinein in das Ristorante, manchmal kam jemand heraus, doch nie war es das Mädchen mit den goldenen Haaren. Und wenn ich hier zehn Jahre hocken muss, redete Pit sich gut zu, ich gebe nicht auf. Notfalls bleibe ich hier bis zum Ende der Welt!

Bis zum Ende der Welt brauchte Pit dann allerdings nicht zu warten. Vom Kirchturm hatte es gerade drei Uhr geschlagen, da ging die Tür vom Ristorante Toscana wieder einmal auf. Und wer kam heraus?

»Pia!«, hauchte Pit sehr feierlich und sehr heiser, denn der komische Kloß war wieder da. Pit fiel es auf einmal schwer, das Fernrohr halbwegs ruhig zu halten.

Das Mädchen hatte einen Einkaufskorb am Arm und ging die Straße hinunter auf den Marktplatz zu, wo sich die Geschäfte befanden. Aber ging sie wirklich? Das war doch kein Gehen! Wie nennt man denn solche zuckenden Bewegungen? überlegte Pit. Hüpfen? Ganz falsch! Plötzlich wusste Pit das richtige Wort. Tanzen! Ja, Pia tanzte die Straße hinunter in kleinen Hopsern, wie Tanzmäuse das tun. Bestimmt freut sie sich, dachte Pit. Aber worüber?

Die Heinrich-Böll-Straße hatte eine Kurve. Als Pia nun in diese Kurve bog, verschwand sie fast aus Pits Blickfeld. Er lehnte sich weit aus dem Dachfenster, viel zu weit. Und dann geschah das, was einem Pechvogel geschehen muss: Pit verlor den Halt und geriet ins Rutschen.

Hilfe! wollte er schreien, doch er kam bloß bis »Hiii…«

Das Fernrohr polterte über die Dachziegel und knallte unten auf den Kiesweg. Pit polterte hinterher, grapschte wild nach irgendeiner Dachplattenkante, rutschte weiter und hing dann plötzlich an der Dachrinne, mindestens zwei Meter über dem Boden.

Der Vater hatte den gellenden Schrei gehört. Er kam gerannt, so schnell er konnte.

»Was machst du denn da?«, rief er.

»Ich hänge an der Dachrinne«, sagte Pit.

»Warum hängst du da?«

»Weil ich aus dem Fenster gefallen bin.«

»Und warum bist du aus dem Fenster gefallen?«

»Weil ich mich zu weit hinausgelehnt hatte.«

»Warum hast du dich zu weit hinausgelehnt?«

»Weil ich frische Luft schnappen wollte.«

»Warum brauchtest du dafür Michaels Fernrohr?«

»Ich verweigere die Aussage«, erklärte Pit. »Nun hol mich endlich runter!«

Der Vater kletterte vorsichtig auf das Regenwasserfass und pflückte Pit von der Dachrinne herunter, wie man einen ganz besonders dicken Apfel pflückt.

»Das Fernrohr ist wahrscheinlich zum Teufel«, sagte er. »Was meinst du, was Michael mit dir macht?«

»Ich kann es mir ungefähr denken«, antwortete Pit kleinlaut.

Der Vater stellte Pit auf die Erde. »So! Und vielleicht unterlässt du in Zukunft solche Zirkusnummern, sonst reiße ich dir die Ohren ab. Haben wir uns verstanden?«

»Ja«, sagte Pit.

»Und jetzt mach weiter mit deinen fünfhundert Wörtern mit »ie«, Pit!«

»Genau das habe ich vor, Boss.«

Aber Pit hatte das selbstverständlich überhaupt nicht vor, denn seine Idee war ja noch nicht zu Ende. Kaum war der Vater zwischen Rosenbäumchen und Rittersporнstauden verschwunden, da verschwand auch Pit. Zum Ristorante Toscana nämlich. In der Faust hielt er die letzte Mark von seinem Taschengeld. Sein Plan war genial: Wenn Pia zum Einkaufen gegangen war, dann musste sie ja auch wiederkommen. Und ganz zufällig würde er dann in der Wirtsstube stehen!

Drei Mal spuckte Pit aus, doch der komische Kloß blieb im Hals stecken. Egal! Drei Mal holte Pit tief Luft um das Herzbullern zu vertreiben, doch das Bullern ging weiter. Auch egal! Pit nahm allen Mut zusammen und öffnete die Tür. Außer ihm war niemand im Ristorante Toscana. Gut so! Die rundliche Frau, die dann aus der Küche kam und hinter dem Tresen Aufstellung nahm, war Pias Mutter. Das erkannte Pit an der Haarfarbe.

»Ein Bier, bitte!«, sagte Pit. »Ein möglichst großes.«

»Hast du gesagt, du willst ein Bier haben?« Die Frau blinzelte Pit verwundert zu, ihre langen Wimpern zuckten wie elektrisiert.

»Ich habe mir in diesem Wirtshaus schon öfters ein Bier bestellt«, entgegnete Pit kühl. Diesen feinen Satz hatte er sich schon auf seinem Beobachtungsposten im Dachfenster ausgedacht.

»So, so, schon öfters.« Die Frau verzog den Mund, als gäbe es da am Ende etwas zu lachen. »Ob du mir vielleicht verrätst, wie alt du bist?«

»Bald sechzehn. So ungefähr jedenfalls.«

»So ungefähr? Kannst du mir wohl sagen, wann genau du sechzehn wirst?«

»Aber sicher.« Pit legte das Markstück mit Schwung auf den Tresen. »So in sieben Jahren etwa. Und was hat das mit meinem Bier zu tun?«

»So gut wie nichts.« Jetzt hatte die Frau auf einmal ganz merkwürdige Tränen in den Augenwinkeln und alberne Gluckser in der Stimme. »Darf es trotzdem ausnahmsweise heute mal 'ne Limo sein?«

»Ausnahmsweise«, sagte Pit. »Ich habe nichts gegen Limo.«

Den zweiten Schluck hatte Pit gerade im Mund, da kam Pia mit dem vollen Einkaufskorb herein. Weil Pit wegen des komischen Kloßes nicht richtig schlucken konnte, prustete er einen halben Liter Limonade durch die Gaststube.

»Ha-ha-hallo, Pia!«, stotterte Pit und spürte, wie seine Ohren glühten.

»Woher kennst du mich?«, fragte Pia verwundert.

»Aber ich bin doch in deiner Klasse!«, schrie Pit geradezu.

»Ach so? Ich hab dich gar nicht wieder erkannt.« Und dann verschwand das Mädchen mit den goldenen Haaren flink durch die Pendeltür, die zur Küche führte.

Pit stellte das Limoglas auf den Tresen und verließ mit zentnerschweren Schritten langsam das Ristorante Toscana. Durch sein völlig leeres Gehrin hallte ununterbrochen der Satz: Ich hab dich gar nicht wieder erkannt... Seine Seele tat ihm sehr weh.

Als Pit in der Gärtnerei erschien, schaute die

Mutter ihm ins Gesicht und fragte besorgt: »Pit, geht es dir nicht gut?«

»Ich bin nur ein bisschen erschöpft von den vielen Hausaufgaben«, erwiderte Pit. Er hatte große Mühe nicht zu heulen. »Fünfhundert Wörter können verdammt viel sein!«

»Bist du etwa fertig?«

»In jeder Beziehung«, sagte Pit. Natürlich wusste er, dass die Mutter nicht ahnen konnte, wie er das meinte.

Allen Zorn und alle Trauer ließ Pit dann an den Dahlien aus. Mit der Sichel schlug er zu wie mit einem Schwert. Dann band er die abgeschnittenen Blumen wütend und heftig und in einem Höllentempo mit dem Bindegarn zu Sträußen zusammen. Am Abend hatte er zwar keine fünfhundert Wörter mit »ie« geschafft, aber mindestens fünfhundert Blumensträuße.

»Heute warst du uns eine große Hilfe«, sagte die Mutter. »Jetzt hast du bestimmt mächtigen Hunger.«

»Nein«, antwortete Pit. »Ich kriege keinen Bissen runter.«

»Aber Pit! Bist du vielleicht doch krank?«

»Ich überlege es mir noch«, sagte Pit.

In seinem Zimmer schrieb er mit einem dicken Filzstift quer über eine Seite seines Zeichenblocks: *Warum ist das Leben so grausam?*

Vier schwarze Füße

Pit stand am nächsten Morgen sehr früh auf. Er wollte die Sache mit Michael lieber gleich hinter sich bringen.

Doch Sternengucker Michael saß zusammen mit Martin und den Eltern friedlich am Frühstückstisch und löffelte sein Müsli. Seit er bei der Sparkasse arbeitete, achtete er sehr auf die schlanke Linie, weil das angeblich für seinen beruflichen Aufstieg wichtig war.

Er weiß also noch nicht, dass sein Fernrohr kaputt ist, dachte Pit und Paps hat auch nichts verraten. Gut so!

Die Mutter stellte erfreut fest, dass Pit sich entschieden hatte nicht krank zu sein. Ein Kranker hätte nämlich niemals so viele Brötchen essen können.

Auf dem Weg zur Schule machte Pit extra einen Umweg und wartete beim Marktplatzbrunnen. Aber wer ihn dort stehen sah, war nicht Pia, sondern Valentin.

»He, Pit, auf wen wartest du denn?«, rief Valentin.

»Auf den Osterhasen!«, knurrte Pit. »Was geht denn dich das an?«

»Na ja, ich dachte schon, du wartest vielleicht auf die Neue.«

Pit blies die Backen auf. »Denken ist schon falsch. Einer wie du kriegt bloß Kopfschmerzen davon. Überlass das mal Fachleuten wie mir. Aber damit du's weißt, ich muss eine Pause einlegen, weil ich mir den Fuß ganz schlimm verstaucht habe. Diesen hier.« Pit zeigte auf sein rechtes Bein. »Gestern beim Judo.«

Da hatte Valentin aber eine Menge zu staunen. »Mensch, Pit, seit wann machst du denn Judo?«

Pit merkte, dass das Gespräch allmählich brenzlig wurde, darum wechselte er lieber schnell das Thema.

»Hör zu, Valentin, wenn du meine Schultasche trägst, dann könnte ich's vielleicht wieder schaffen. Ich beiße einfach die Zähne zusammen.«

Also nahm Valentin Pits Schultasche. Pit humpelte neben Valentin her und gab sorgfältig Acht, dass er immer mit dem richtigen Bein humpelte: dem rechten nämlich.

»Wie findest du die Neue denn so?«, fragte Valentin.

»Darüber habe ich mir noch keine Gedanken gemacht«, sagte Pit. »Aber so rein typmäßig …« Er wusste, dass er nun nichts Falsches sagen durfte, denn das wäre ein feiger Verrat gewesen. Also gab Pit sich einen inneren Ruck. »Ganz unter uns, Valentin, ich finde die Pia gar nicht mal so unhübsch.« Das habe ich gut gesagt, dachte Pit.

»Ganz meine Meinung, Pit. An sich sind mir aber die Dunkelhaarigen lieber.« Valentin reckte sich und war sofort einen halben Meter größer. »Wenn du mal einen Rat brauchst, also, ich weiß alles über Frauen.«

»Als ob ich einen Rat von einem wie dir brauchte! Und über Frauen schon gar nicht!« Pit lachte höhnisch und vergaß für mindestens zehn Schritte das Humpeln.

Sie hatten den Schulhof kaum erreicht, da sah

Pit, dass Pia bei den Hüpfekästchenspielern herumtanzte.

Also wäre die Warterei am Brunnen sowieso vergeblich gewesen! Und dann spürte Pit, wie es ihm ganz warm wurde im Bauch, denn Pia eilte auf ihn zu.

»Warum hast du denn gestern deine Limo nicht ausgetrunken?«, fragte sie. »Meine Mutter hat gesagt: So ein seltsamer Junge! Bestellt sich eine Limo und trinkt sie nicht mal aus!«

Die Schrecksekunde dauerte wirklich nur eine Sekunde, dann stellte sich sofort seine Geistesgegenwart wieder ein. »Ich hab die blöde Limo doch bloß wegen deiner Mutter bestellt. Eigentlich hatte ich nämlich Durst auf Bier.«

Pia lachte lustig. »Bist du aber ein Angeber, Pit!«

Sie weiß meinen Namen! fuhr es Pit durch den Kopf. Das schöne Gefühl wurde immer stärker. Er sagte: »Ich habe schon zwei Mal Bier getrunken. Kannst du mir glauben!«

Pia lachte noch lauter. »Du bist ein Superangeber!«

Pit wurde von Pias Fröhlichkeit angesteckt. Er

wusste, dass sie ihm kein Wort glaubte, doch seine Lügengeschichte schien ihr Spaß zu machen.

»Manchmal hab ich auch Milch getrunken«, gab er gönnerhaft zu. Und weil ihm das Blitzen in ihren Augen Mut machte, sagte er schnell: »Hast du Lust, dass ich dir heute Nachmittag ein bisschen die Gegend zeige? Ich meine, weil du dich doch noch gar nicht auskennst und so. Also, Zeit hätte ich schon.«

»Au ja!«, rief Pia. »Holst du mich ab?«

»Mach ich«, sagte Pit. »Um drei Uhr rum könnte ich's ganz gut einrichten.«

Pia überlegte kurz und nickte dann. »Da würde es mir auch passen. Abgemacht: um drei!«

Den Rest des Vormittags schwebte Pit auf Wolke sieben. Was Frau Updenacker über den elektrischen Strom erzählte, ging ihm beim linken Ohr rein und beim rechten wieder raus. Beim Rechnen tanzten die Zahlen vor seinen Augen, weil er nur an die Tanzmaus Pia dachte. In der Turnhalle stellte er sich so blöd wie nie an. Sie spielten Völkerball und er war viel zu aufgeregt um den Ball zu fangen. Sollten Jens und Ole ihn doch ruhig ausschimpfen, sollten Sarah und Wendelin doch ruhig lachen! Das machte ihm doch nichts aus. Die konnten ja nicht wissen, warum Pit so zappelig war.

Pit war in seinen Gedanken nämlich wieder mit einem neuen Plan beschäftigt. Es gab da die Geschichte von Martin und seiner Freundin Anja. Die hatte mit Wasser und Sonne und einem Paddelboot zu tun.

»Beim Paddeln sind wir uns damals näher gekommen«, hatte Anja einmal kichernd erzählt. Pit hatte sich das gemerkt. Und es war ja auch völlig klar, dass man sich in einem Paddelboot näher kam. Pit war von seiner Idee begeistert.

Sofort nach dem Pfannkuchenessen zu Hause huschte Pit in den Fahrradkeller. Dort standen nicht nur die Räder der Eltern und der Brüder und sein eigenes Mountainbike herum, hier hing auch das blaue Paddelboot an vier Ketten von der Decke. Martin und Anja schnallten es manchmal auf den Dachträger des alten Opels und fuhren zum Mondscheinsee. Pit durchschaute die Sache: Beim Paddeln kam man sich näher und näher.

Zum Mondscheinsee war es allerdings zu weit, da musste man länger als eine Stunde mit dem Auto fahren.

Aber im Ententeich gab es ja auch eine Menge Wasser und auf das Wasser kam es in dieser Angelegenheit anscheinend an. Also nahm Pit alle Kraft zusammen und löste das Paddelboot von den Klammern an den Ketten. Zum Glück war das Boot nicht besonders schwer, denn es plumpste Pit erst einmal auf den Kopf, bevor es auf dem Kachelfußboden landete.

Durch die Kellertür schleifte er das Paddelboot hinter das Haus. Vater und Mutter, die bei den Gewächshäusern arbeiteten, hätten schon Röntgenblicke haben müssen um Pit und das Boot zu entdecken, denn die Ziegelsteinmauer lag ja dazwischen.

»Das wäre doch gelacht, wenn ich so ein Boot nicht zum Ententeich schaffen könnte!«, murmelte Pit vor sich hin.

Aus dem Gerätehäuschen bei der Garage holte er den zweirädrigen Handkarren. Und –

schwupp! – rauf mit dem Paddelboot und den beiden Paddeln und dann den Feldweg hinunter an der Gärtnereihecke entlang und zwischen den Trauerweiden hindurch: Pit kam zwar ins

Schwitzen, doch der Transport gelang ihm locker. Nur vier Mal rutschte das Paddelboot unterwegs vom Karren.

Wasserhühnchen flitzten davon, als Pit das Boot und die Paddel im Uferschilf versteckte. Die Enten, die unter den Pfeifenputzerpflanzen dösten, ließen sich nicht stören.

Die Vorarbeit war also erledigt. Pit war sich jetzt sicher, dass Pia und er sich näher kommen würden.

Pit wartete ungeduldig den Stundenschlag der Kirchturmuhr ab und versuchte dabei vergeblich den komischen Knubbel im Hals herunterzuschlucken. Dann betrat er mit entschlossenen Schritten das Ristorante Toscana. Am Fenstertisch saßen zwei Frauen und schlürften Kaffee mit Sahnehäubchen. Sie glotzten Pit neugierig an. Pit streckte ihnen in Gedanken die Zunge raus. Hinter dem Tresen stand ein dünner Mann in grüner Jacke und schrieb Zahlen auf einen Zettel. Er hatte einen ulkigen Kinnbart und eine Stirnglatze.

»Guten Tag!«, sagte Pit. »Sind Sie Herr Caracciola?«

»Der bin ich«, antwortete der Mann. »Und du heißt Pit und willst die Pia abholen. Richtig?«

»Richtig«, sagte Pit.

»Das ist prima, dass du der Pia das Dorf zeigen willst. Wir sind ja noch so fremd hier. Möchtest du eine Cola oder eine Limo?«

»Nein, vielen Dank!«

»Ich verstehe. Du bist ja ein Biertrinker.«

Lacht der Mann etwa über mich? dachte Pit. Oder warum verzog der sonst die Mundwinkel so merkwürdig?

Pit schämte sich ein bisschen, doch er tröstete sich sofort. Jedenfalls kennt man mich hier schon! sagte er sich.

»Pia!«, rief Herr Caracciola zur Küche hinein. »Der Besuch für dich ist da!«

Pia kam schon getanzt. Sie trug schneeweiße Jeans und ein rosa T-Shirt, das mit grünen Mäusen bedruckt war.

»Auf geht's, Pit! Was wirst du mir jetzt alles zeigen?«

Pit wollte Pia das Rathaus zeigen und die Kirche und das Denkmal, aber das fand Pia gar nicht witzig.

»Gibt es nichts Spannenderes?«, fragte sie.

Da führte Pit sie zu den großen Windkrafträdern hinter dem Buchenwald, mit denen erzeugte die Firma Kellers den Strom für ihre Apfelsaftfabrik. Pit zeigte Pia die jungen Ziegen auf der Buckelwiese von Bauer Lommel und die größten Sonnenblumen der Welt im Garten von Oma Olbricht. Dann war der Feuerwehrturm

mit seinem Geheimnis an der Reihe. Zwischen den langen Schläuchen, die dort zum Trocknen aufgehängt waren, hielten nämlich sieben Fledermäuse ihren Tagesschlaf. Sie hingen, wie alle Fledermäuse das tun, mit dem Kopf nach unten am Balken. Ihre Flügel sahen aus wie zusammengeklappte Regenschirme.

»Schön!«, staunte Pia immer wieder.

»Das Schönste kommt jetzt erst«, erklärte Pit.

Den Ententeich hatte er nämlich bis zum Schluss der Dorfbesichtigung aufgespart. Die Sonne zauberte farbige Kringel, der Wind kräuselte den Wasserspiegel, die Frösche veranstalteten Wettkämpfe im Weitsprung. Pia hockte sich ins Ufergras und schaute zu.

Und nun konnte Pit endlich seinen tollen Trick anwenden. Er zeigte, als wäre er selber überrascht, ins Schilf und rief aus: »Nanu! Was für ein Zufall! Da liegt ja ein blaues Paddelboot und zwei Paddel sind auch dabei. Komm, Pia, ich lade dich zu einer Seefahrt ein!«

Pia zögerte. »Darf man denn ein Boot von fremden Leuten einfach nehmen?«

»Man darf«, sagte Pit entschieden.

»Weißt du überhaupt, wie Paddeln geht?«

Pit stemmte die Fäuste in die Hüften.

»Ich weiß praktisch alles über die Seefahrt, weil ich nämlich später Kapitän werde. Kannst du schweigen wie ein Grab?«

»Mindestens«, sagte Pia.

»Gut! Dann kann ich dir ja verraten, dass ich mich wahrscheinlich schon bald bei der Kapitänsschule in Hamburg anmelden werde. Was sagst du dazu, Pia?«

Pia sagte dazu gar nichts, doch sie schaute Pit etwas seltsam an, während sie mithalf das Paddelboot zum Wasser zu ziehen.

Pit hatte Martin und Anja mal beim Paddeln gesehen. Da saß die Paddlerin Anja vorn im Boot und der Paddler Martin hinten. Darum erklärte er: »Damen sitzen beim Bootfahren immer vorn.«

»Was du für Sprüche drauf hast!« Pia lachte.

»Ich kenne mich eben aus.«

Pia lachte noch immer. »Und wie geht's nun weiter, Herr Kapitän?«

»Na, wie schon! Geh an Bord! Ich halte das Boot solange fest.«

Pia stieg also in das heftig schwankende Paddelboot und nahm eines der Paddel. Weil die Bootsspitze jetzt schwerer war, drehte sie sich gleich der Mitte des Teiches zu.

Pit hatte große Mühe ins Boot zu klettern. Als er losließ, setzte sich das Paddelboot nämlich sofort in Bewegung. Pit machte es den Fröschen nach: Er hüpfte mit starkem Schwung und kam dann mit dem Kopf voran im Bötchen an. Als er endlich seine Arme und Beine wieder sortiert hatte, trieb das Boot schon drei, vier Meter vom Ufer entfernt. Pits Hose war bis zu den Knien klatschnass.

»Ist dieser Teich nicht etwas zu klein für unser Boot?«, wollte Pia wissen.

»Ganz und gar nicht«, widersprach Pit. »Auf kleinen Teichen zu paddeln, das erfordert seemännisches Geschick. Nur Fachleute schaffen das. Auf großen Seen ist es pipileicht. Da kann's doch jeder.«

Die Enten schnatterten empört, als Kapitän Pit mit dem Paddel herumzufuchteln begann und sie aus ihrem Revier verscheuchte. Pit hatte noch nie in einem Paddelboot gesessen, darum wusste er nicht, wie man das Paddel einzutauchen hatte um das Boot richtig zu lenken.

»Ich werde dir eine echte Seerose pflücken!«, rief Pit.

Das war aber nicht so einfach. Pit beugte sich über den Bootsrand und fasste nach dem Stängel der schönsten Seerose, der war aber glitschig wie ein Gummischlauch.

Gleich hab ich die Seerose, dachte Pit, beugte sich noch weiter aus dem Boot und packte mit beiden Händen zu.

Dann geschah das, was geschehen musste.

Pia schrie auf, Pit schrie auf. Das Paddelboot kippte um und ließ die beiden Paddler ins Wasser flutschen. Das gurgelte und gluckerte und platschte wie toll. Die Enten kreischten vor Schadenfreude. Zum Glück war der Ententeich überhaupt nicht tief.

Als die Kinder die Köpfe aus dem Wasser streckten, spuckten und husteten sie alles raus, was sie in Mund und Nase gekriegt hatten. Sie hatten eine Menge Wasser runtergeschluckt.

Als sie dann neben dem umgekippten Boot

standen und sich gegenseitig anstarrten, reichte ihnen das Wasser ungefähr bis zum Bauchnabel. Sie waren so erschrocken, dass sie zuerst keine Worte fanden.

Dann endlich brach Pia das Schweigen. »Ahoi, Herr Kapitän!« Das hörte sich ein bisschen wie Katzenfauchen an. »Und vielen Dank für die herrliche Seerose!«

»Kann doch jedem mal passieren«, murmelte Pit und fühlte sich auf einmal uralt.

Er griff nach den beiden Paddeln und zog das blaue Boot hinter sich her, als er zum Ufer watete.

Dann entdeckten Pia und Pit die schöne Bescherung. Der Ententeich war zwar flach, aber am Grund war er scheußlich schlammig. Stinkiger, fauliger Schlamm war das, der aus den Gräben in den Teich gesickert war. Fast bis zu den Knien waren Pits und Pias Beine matschig und pechschwarz. Besonders an Pias neuer weißer Hose klebte der Dreck richtig dick.

Pit guckte traurig die Matschklumpen an, unter denen seine Schuhe versteckt waren, und stellte fest: »Ich habe zwei schwarze Füße.«

»Ach ja?« Pias Stimme klang höhnisch. »Ich habe auch zwei schwarze Füße.«

Und weil Pit noch nicht wieder richtig klar im Kopf war nach dieser Schiffskatastrophe, sagte er etwas besonders Blödes. »Dann haben wir zusammen vier schwarze Füße.«

»Mensch, Pit, ich wusste gar nicht, dass du so

gut in Mathe bist!« Pia schüttelte ihre Beine, der Schlamm spritzte Pit ins Gesicht. »Jetzt krieg ich jede Menge Ärger zu Hause. Meine Mama beißt mir die Nase ab.« Im Wegrennen rief Pia: »Vielleicht solltest du besser doch nicht Kapitän werden, sondern lieber ein Nilpferd! Nilpferde wälzen sich gern im Schlamm.« Und dann war sie hinter den Trauerweiden verschwunden.

Mindestens drei Stunden stand Pit da wie ein betrübter Dackel. Dann holte er den Handkarren und schaffte stöhnend und schimpfend das Paddelboot nach Hause. Aus Haaren, Hemd und Hose rann ihm das Wasser. Die Enten quakten ihm lachend nach.

Zu allem Unglück hatte die Bootshaut einen Riss abgekriegt. Pit klebte ein Pflaster darüber, weil er verhindern wollte, dass Martin und Anja bei ihrer nächsten Paddelbootfahrt im Mondscheinsee versänken.

»Jetzt sind wir uns kein bisschen näher gekommen«, flüsterte Pit mit zittriger Stimme. Er konnte gar nicht so schnell bibbern, wie er fror. »Warum ist das Leben so grausam?«

Ein tapferer Ritter

Einmal hatte Pit einen Satz gelesen, der stand auf der Fahne vom Fußballverein in silbernen Schnörkelbuchstaben: *Sei bescheiden im Sieg und tapfer in der Niederlage!*

Der Satz hatte ihm damals gut gefallen und nun musste Pit auf einmal wieder an diesen Satz denken. Tapfer in der Niederlage! Ja, das wollte er sein. Die schlammigen Schuhe hatte er in der Garage mit dem Schlauch abgespritzt, Hemd, Hose und Unterzeug hatte er ausgewrungen und in den Wäschekorb gesteckt, und zwar ganz nach unten. Dann hatte er geduscht und Teichwasser und Tränenwasser aus dem Gesicht gewaschen. Und als er nun in sauberen Sachen vor dem Spiegel in der Diele stand und sich von oben bis unten betrachtete, da ging ein Ruck durch seinen Körper. Eine innere Stimme sagte zu ihm: Sei tapfer in der Niederlage, Pit!

Pit dachte an Ritter und Cowboys und See-

räuber. Tapfer wie solche Männer wollte er jetzt sein. Pia war in Gefahr. Und wer trug die Schuld? Pit stellte sich vor, wie Frau Caracciola ihre Tochter schrecklich ausschimpfte und an den goldenen Haaren zog, wie sie ihr Hausarrest erteilte und Leseverbot.

Im Geiste sah Pit auch, wie die schöne weiße und ganz neue Hose in den Mülleimer flog, weil sie für alle Ewigkeit versaut war. So ein Superwaschmittel gab es doch gar nicht, mit dem man solch schwarzen Schlamm auswaschen konnte.

Pit war sich völlig klar darüber, dass Pia die weiße Hose nur ihm zu Ehren angezogen hatte. Aber er hatte versagt. Ein Ritter, der versagt, muss die Schuld tapfer auf sich nehmen und Buße tun. Pit sah die Sache sonnenklar. Es kam jetzt darauf an, Frau Caracciola zu besänftigen. Und wenn sie trotzdem auf jemanden schimpfen wollte, dann sollte er der Beschimpfte sein. Ritter Pit musste die unschuldige Jungfrau Pia vor der Wut der Mutter retten!

Schon hatte Pit wieder einmal eine erstklassige Idee. Er sagte sich: Den Zorn einer Frau besänftigt man mit Blumen. Aber nicht mit irgendwelchen, sondern mit besonders edlen. In einer Gärtnerei würden ja wohl edle Blumen zu finden sein. Na!

Pit schlich aus dem Haus und äugte vorsichtig über die Ziegelsteinmauer. Die Mutter war vorn bei den Friedhofskränzen mit Kunden beschäftigt. Das war gut. Und wo steckte der Vater? Ha, der war doch losgefahren um die Markthändler zu beliefern. Noch besser. Freie Bahn für Ritter Pit!

Im hinteren Treibhaus fand er schon bald, was er suchte. Dort wuchsen die Orchideen in der Klimakammer. Schönere Blumen als Orchideen konnte Pit sich nicht vorstellen. Er suchte sich den Blumentopf mit der allerschönsten Orchidee aus, die war blasslila und leuchtete geradezu königlich. Die war richtig.

Mit seiner kostbaren Beute sauste Pit geduckt durch das Gewirr der brusthohen Paprikapflanzen und fiel nicht ein einziges Mal hin.

Pit kroch am Ende der Ziegelsteinmauer durch die Haselnusshecke, hastete durch Hinterhöfe und versteckte sich in den Hauseingängen, wenn sich Leute näherten. Es war ja nicht unbedingt nötig, dass einer sah, wie er die Orchidee durch das Dorf trug.

Je näher Pit dem Ristorante Toscana kam, desto mehr machte sich auch der komische Kloß bemerkbar.

Zwar lief Pit nun ein bisschen langsamer, doch er blieb nicht stehen. Bin ich ein tapferer Ritter, oder bin ich etwa keiner? fragte Pit sich. Er gab sich auch sofort die Antwort: Ich bin einer!

Doch dann fielen Pit fast die Augen aus dem Kopf. »Das darf doch wohl nicht wahr sein!«, flüsterte er.

Es war aber wahr. Als Pit sich von der linken Seite dem Eingang des Wirtshauses näherte, kam von der rechten Seite ein fröhlich lärmender und singender Zug festlich gekleideter Frauen und Männer und Kinder. Weil eine Frau in weißem Schleierkleid und ein junger Mann mit dämlichem Gegrinse im Gesicht dabei waren, konnte Pit sich natürlich den Rest leicht zusammenreimen: Da wollten welche Hochzeit feiern – und ausgerechnet im Ristorante Toscana. Wie sollte Pit da an Pias Mutter herankommen? Die würde doch bis über beide Ohren in der Küche und mit Essenaustragen und Weineinschütten beschäftigt sein. Pit verschluckte vor Schreck seinen Kaugummi.

Ein fetter Mann mit Glitzerkrawatte steuerte genau auf Pit zu.

»Gib schon her, mein Junge! Du sollst das Blümchen doch bestimmt den Brautleuten bringen. Von wem ist es denn?«

Pit machte schnell einen solch gewaltigen Satz zur Seite, wie er ihn sich selber kaum zugetraut hätte.

»I-i-ich bin nicht Ihr Junge!«, schrie er den Mann an. »Und lassen Sie bloß die Finger von dieser Orchidee!«

»Rotzbengel!«, schimpfte der Mann mit feuchter Spuckstimme. »Hau schon ab mit deinem Grünzeug!« Und gleich hinter dem Hochzeitspaar drängelte er sich ins Restaurant hinein.

Ziemlich ratlos stand Ritter Pit nun mit dem Blumentopf auf der Straße. Er dachte: Am besten, ich ziehe mich erst einmal zurück um

Zeit zu gewinnen und nachzudenken. Nachdenken kann nie schaden.

Pit trottete hundert Schritte weiter bis zum Zaun von Krauters Kuhweide. Die Kühe grasten gemütlich und beachteten ihn kaum.

Pit lehnte sich an die Zaunlatten um seine Gedanken zu sammeln. Dann fing er an zu denken: Ob ich unbemerkt durch den Hintereingang schlüpfen kann? Wenn Frau Caracciola dann mal allein in der Küche ist, überreiche ich ihr rasch die Orchidee und bekenne meine Schuld. Aber wenn der Hintereingang verschlossen ist? Vielleicht kann ich durch das Klofenster klettern! Und wenn dann gerade jemand zum Pinkeln kommt? Könnte doch auch gut sein, dass ich hinter dem Haus eine Leiter finde. Wenn ich dann durch ein Fenster im Obergeschoss einsteige... Und wenn ich dann vielleicht sogar Pia treffe...

Pit dachte so angestrengt nach, dass er den Kopf der dunkelbraunen Kuh nicht bemerkte, der sich neben ihm durch die Zaunlatten schob. Erst der plötzliche Ruck riss ihn aus seinen Grübeleien, doch da war es zu spät.

Wo einmal eine herrliche Orchidee aus dem Blumentopf gewachsen war, da war jetzt gar nichts mehr. Aus dem Maul der mampfenden Kuh ragte nur noch ein Stück vom Stängel heraus.

Pit stieß einen irren Apachenschrei aus, den konnte man bestimmt bis in die Kreisstadt hören.

»Du verdammtes Mistvieh, ich erwürge dich! Ich reiße dir die Hörner ab und schlage dir die Zähne ein! Ich mache dir einen Knoten in deinen doofen Schwanz und schmeiße dich in den Ententeich! Und dann ... dann ...« Mehr fiel Pit im Moment nicht ein. Er strampelte wie ein Hampelmann und haute mit den Fäusten wie ein angeschlagener Boxer durch die Luft. Der Blumentopf knallte zu Boden.

Die Kuh machte nur leise »Muh« und blickte ihn aus ihren sanften Augen freundlich an. Dann war auch der letzte Rest vom Stängel in ihrem Maul verschwunden.

Ganz langsam ging Pit nach Hause.

In seinem Zimmer fischte er sich den Zeichenblock vom Schrank und malte ein Bild von einem versinkenden Schiff. Es handelte sich um einen gigantischen Luxusdampfer mit der Aufschrift *Titanic.* In Blockbuchstaben malte Pit diesen Text unter das Bild:

Liebe Pia! 1912 sank dieser britische Schnelldampfer, obwohl er als unsinkbar galt. Der Kapitän war der beste Seemann der Welt. Du siehst, Schiffsunglücke können jedem mal passieren, sogar mir. Dein Pit.

Pit wickelte das Bild zu einer Rolle, beschwerte es mit einem dicken Bleistift und band einen Wollfaden darum.

Wieder machte er sich auf den Weg zum Ristorante Toscana. Unten lärmte die Hochzeitsgesellschaft wie eine Pavianhorde. Oben brannte hinter einer Fensterscheibe Licht.

Das muss Pias Zimmer sein, dachte Pit.

Hundert Mal ungefähr schrie er Pias Namen, doch er kam gegen das Hochzeitsgetöse nicht an. Dann warf er kleine Steine gegen die Scheibe, bis sein Arm ganz lahm war. Endlich ging das Fenster auf und Pias Kopf war zu sehen. »Hallo, Pia! Hier ist eine wichtige Nachricht für dich!« Pit schleuderte seine Bildrolle hoch, doch er traf weit daneben. Wieder versuchte er es und wieder. Pia schaute wortlos zu.

Dann endlich ließ Pia eine Schnur hinunter. Pit war fix und fertig von der Anstrengung. Mit fahrigen Fingern band er die Rolle fest, Pia zog sie zu sich rauf.

»Ich warte auf Antwort!«, rief Pit.

Die bekam er auch. Schon nach einer Minute kam sein Bild aus Pias Fenster geflattert. Das Fenster schloss sich, Pias Kopf war nicht mehr zu sehen. Auf die Rückseite des Bildes war die Antwort geschrieben:

Aber im Ententeich gibt es keine Eisberge!

Da zerriss Pit sein Bild in kleine Fetzen und ging noch einmal langsam nach Hause. Pia kannte die richtige Geschichte von der Titanic also auch.

Beim Abendbrot stöhnte der Vater: »Zum Teufel, die Orchidee für Frau Wallocha ist verschwunden! Ich kann sie nirgendwo finden. Dabei möchte ich schwören, dass ich sie heute Mittag noch im Treibhaus gesehen habe. War jemand von euch im Treibhaus?«

»Nein«, sagten die Mutter, Martin, Michael und Pit.

»Frau Wallocha beißt mir die Nase ab. Sie hat sich genau diese Orchidee selber ausgesucht.« Der Vater war stinksauer. »Sie will die Blume nämlich der Hilde Gremmeling zur Hochzeit schenken. Die wird drüben im Ristorante Toscana gefeiert, die Hochzeit, und Frau Wallocha ist eingeladen. Ich sag's euch, die beißt mir die Nase ab. So eine Orchidee kann doch nicht einfach verschwinden!«

»Vielleicht hat ein Orchideendieb sie geklaut«, gab Pit zu bedenken. Er dachte: Merkwürdig, neuerdings scheint es wohl Mode zu sein, dass immer jemand jemand anderem die Nase abbeißen will.

»Orchideendieb! So ein Quatsch!«, grummelte der Vater.

»Verkauf ihr doch einfach eine andere Blume«, schlug Michael vor. »Orchidee ist Orchidee.«

»Da sieht man, dass du keine Ahnung hast«, sagte der Vater.

Die Mutter schaute zu Pit hinüber. »Hast du

eigentlich deine Hausaufgaben gemacht?«, fragte sie.

»Ja, zusammen mit der Pia«, antwortete Pit rasch und wurde kein bisschen rot.

Die Fahrradfachleute

Pit hatte ein mulmiges Gefühl, als er sich am nächsten Tag auf den Schulweg machte. Wenn Pia den anderen von dem Unglück auf dem Ententeich erzählen würde, dann konnte er sich auf ein schauriges Gelächter gefasst machen. Bald würden es sämtliche Bewohner des Dorfes wissen: Pit wollte eine Seerose für ein Mädchen pflücken und ist dabei mit dem Paddelboot umgekippt! Wie ein Echo würde es von allen Hauswänden schallen: Kapitän Pit hat Schiffbruch erlitten und ausgerechnet auf dem kleinen Ententeich! Hahaha!

Aber Pia war keine Petze und keine Klatschtante. Nicht ein Sterbenswörtchen über den feuchten Nachmittag verriet sie. Das rechnete Pit ihr hoch an. Von seinem Herzen purzelten zentnerschwere Wackersteine.

Als Pia in der Pause sogar zu ihm kam, da strahlte sein Gesicht noch heller als die Morgensonne. Nicht immer war das Leben grausam! Pia wippte mit tänzerischen Schritten auf der Stelle und bot Pit aus ihrer großen, großen Tüte ein Stück Streuselkuchen an.

»Hier, nimm! Der Kuchen ist von der Hochzeitsgesellschaft übrig geblieben. Die haben vielleicht einen Krach gemacht! Geschunkelt und getanzt und gesungen haben die bis zum Morgen. Kein bisschen hab ich geschlafen, weil es so laut war. Hochzeit ist was Saublödes!«

Pit stopfte sich so viel Kuchen in den Mund, dass er erst einmal gar nicht reden konnte. Dadurch hatte er Zeit sich eine Antwort zu überlegen.

»Ich kenne mich da nicht so besonders aus«, sagte er dann kauend. »Ich heirate sehr selten.«

»Spinner!« Pia lachte laut.

»Wegen gestern ... Also, es tut mir Leid, Pia. Hat deine Mutter sehr geschimpft?«

»Das mit der weißen Hose hat sie noch gar nicht gemerkt. Ich steck die einfach in die Waschmaschine. Kann ja sein, dass die Schlammflecken rausgehen.« Pia schüttelte ihr goldenes Haar. »Du bist wirklich ein irrer Typ, Pit.«

Wie war das nun wieder gemeint? Freundlich oder unfreundlich? Pit konnte es nicht erkennen. Er murmelte: »Da hast du irgendwie Recht. Ich bin ein irre starker Typ. Und meine Ideen sind sowieso die besten. Was deine weiße Hose angeht, also, da hab ich auch schon eine Idee.«

»Da bin ich aber gespannt wie ein Flitzebogen!«

Pit flüsterte, damit die anderen Kinder es nicht hören konnten: »Sollte die Hose untenrum nicht sauber werden, dann schneiden wir sie einfach an den Knien ab. Du musst deiner Mutter dann bloß erklären, dass du so kurze Hosen schöner findest als lange. Was sagst du zu meiner Idee?«

»Dass sie beknackt ist, das sage ich. Hast du noch mehr Ideen, Pit?«

Bevor Pit antworten konnte, kamen Wendelin und Ute und Tommy an. Sie hatten nämlich gesehen, dass Pia Streuselkuchen in der großen Tüte hatte.

»Kriegen wir auch was?«, fragten die drei im Chor.

Pia nickte und fing sofort mit dem Verteilen

an. Das fand Pit natürlich gar nicht gut. Erstens blieb nun für ihn so gut wie nichts mehr übrig, zweitens hatte er sich eingebildet, dass Pia nur ihm allein solche Geschenke machte. Aber Flötepiepen!

Pit wartete, bis die anderen Kuchenesser verschwunden waren, dann rückte er mit dem Plan heraus, den er sich in der Nacht ausgedacht hatte. Er wollte Pia nämlich trotz des Unglücks am Teich näher kommen. Einer wie er gab doch nicht auf!

Er sagte: »Eigentlich gibt es noch eine Menge, was ich dir zeigen könnte. Spannende Sachen! Und weil es ja mit dem Paddelboot nicht so richtig geklappt hat, könnten wir's doch mal mit Fahrrädern versuchen. Hast du heute Nachmittag Zeit?«

Pia kicherte verlegen und nun war sie es, die flüsterte. »Ich verrate dir jetzt etwas, wenn du's nicht weitersagst.«

»Eher will ich in der Hölle braten!« Pit hob die Schwurhand.

»Also gut! Der Witz ist, dass ich überhaupt nicht Fahrrad fahren kann!«

»Aber Pia!«, platzte Pit heraus. »Das gibt es doch gar nicht.«

»Das gibt es wohl! Ich hab's jedenfalls noch nicht gelernt. Bis jetzt haben wir doch in der Großstadt gewohnt, da macht es keinen Spaß zwischen den Stinkeautos herumzuradeln und lebensgefährlich ist es auch.«

Jetzt schlenkerte Pit vor Eifer wie eine Windmühle mit den Armen herum. »Ich werde es dir beibringen, Pia! In zwei Minuten hab ich das geschafft, du wirst sehen. Ich bin Spezialist in solchen Dingen. Übrigens kann ich so gut wie alles fahren: Mofas, Lastwagen, Motorräder, Trecker...«

»... und Paddelboote.« Pia blies die leere Kuchentüte auf und ließ sie mit einem Knall zerplatzen. »Musst du eigentlich immer so angeben, Pit?«

Das hätte sie nicht sagen dürfen! Pit guckte wie eine beleidigte Leberwurst. War es denn nicht die reine Wahrheit, dass er so gut wie alle Fahrzeuge steuern konnte – wenn er es nur mal versuchte? Trotzig erklärte er: »Jedenfalls gibt es in unserem Dorf keinen schnelleren

Radfahrer als mich. Ich könnte glatt bei den Profis mitfahren. Was ist nun? Soll ich dir das Radfahren beibringen oder nicht?«

»Ich hab doch kein Fahrrad«, sagte Pia.

»Na und? Dann besorge ich dir eben eins! So etwas ist ein Klacks für mich. Welche Farbe soll das Fahrrad haben?«

Pia tippte Pit auf die Nasenspitze.

»Nee, lass mal lieber, du großer Spezialist! Ich glaube, ich muss nach der Schule mithelfen unser Ristorante zu reinigen. Da sieht es aus wie nach...« Pia fand das richtige Wort nicht.

Da half Pit ihr aus. »Wie nach einem Schlammbad?«

Pia klatschte in die Hände. »Genau! Wie nach einem Schlammbad!«

Weil Sarah und Ole mit ihrem Kartenspiel ankamen und Pit und Pia zum Siebzehnundvier einluden, war das Gespräch über den überaus tüchtigen Fahrradlehrer Pit ohnehin beendet. Pit fand das jammerschade. Denn wenn er Pia das Radfahren beibrächte, wäre die Schmach vom Ententeich ganz gewiss vergessen.

Während der Religionsstunde entwickelte Pit aber schon einen neuen Plan. Der erschien ihm so gut, dass er über sich selbst staunte. Es ging doch darum, dass er und Pia sich näher kamen! Gemeinsam in einem Boot kommt man sich näher, gemeinsam in einem Hubschrauber kommt man sich näher, gemeinsam in einem Sportauto kommt man sich näher, gemeinsam auf einem Motorrad kommt man sich näher –

und gemeinsam auf einem Fahrrad kommt man sich auch näher.

Pit wusste auch, wie solch ein Zweierfahrrad heißt: Tandem.

Aber, zum Kuckuck, wer im Dorf besaß ein Tandem, das er sich ausleihen konnte? Pit wusste die traurige Antwort. In diesem Dorf gab es kein Tandem.

Zwei Fahrradfachleute erster Klasse aber gab es! Valentin und Wendelin waren hervorragende Fahrradbastler. Die konnten Pedale montieren und Dynamos, Gangschaltungen und Rückstrahler. Jeden Platten konnten sie reparieren und kaputte Lampen und krumme Speichen auch. Ich kenne noch einen tollen Fahrradfachmann, dachte Pit. Mich!

Drei Fahrradfachleute würden doch wohl in der Lage sein ein Tandem zu bauen!

Während die Religionslehrerin etwas Wichtiges über die Nächstenliebe erzählte, schrieb Pit etwas Wichtiges über die Zusammenkunft der Fahrradfachleute auf zwei Zettel. Er schrieb:

An Valentin und an Wendelin! Habt ihr Lust mit mir ein Tandem zu bauen? Wir treffen uns um drei Uhr bei mir zu Hause im Fahrradkeller. Abgemacht?

Einen Zettel schnipste er Wendelin zu und einen Valentin. Gespannt schaute er, wie die beiden ihre Zettel lasen und ihm dann ein Zeichen gaben.

»Abgemacht!«, zischte Valentin.

»Abgemacht!«, zischte Wendelin.

Die Religionslehrerin fühlte sich gestört in ihrer Erzählung über die Wichtigkeit der Nächstenliebe. Sie kreischte los wie eine Feuerwehrsirene. »Ihr da! Könnt ihr nicht den Mund halten, während ich rede?«

Pit sagte: »Wir können es ja mal versuchen.« Und er dachte: Das ist ja mal wieder witzig. Uns erzählt sie, wir sollen freundlich sein zu unseren Mitmenschen, aber sie selber beschimpft ihre Mitmenschen Valentin und Wendelin und Pit. Das kommt mir doch wenig überzeugend vor.

Zum Schluss der Stunde übten sie den Kanon »Wer andern eine Grube gräbt, wer andern eine Grube gräbt, wer andern eine Grube gräbt, fällt selbst hinein.«

Aber die drei Fahrradfachleute sangen: »Wer

andern in der Nase bohrt, wer andern in der Nase bohrt, wer andern in der Nase bohrt, ist selbst ein Schwein.«

Weil die andern Kinder so schön laut sangen, merkte die Religionslehrerin nichts von der Textveränderung. Pit fand das eigentlich schade, denn er wollte doch die Lehrerin ärgern.

Zum Mittagessen gab es gefüllte Paprikaschoten, Pellkartoffeln und Leberkäse. Pit packte sich noch ein Spiegelei auf seinen Leberkäse und nahm dann dieses Essen in die Sammlung seiner Lieblingsspeisen auf. Gestärkt für die schwere Tandemarbeit legte er später Messer und Gabel zur Seite und trank ungefähr einen Liter Apfelsaft vorbeugend gegen den Durst.

Wendelin und Valentin kamen pünktlich und brachten ihre schweren Werkzeugkisten mit. Pit empfing seine Mitarbeiter mit ernsthaftem Gesicht in dem Kellerraum, in dem die Fahrräder abgestellt waren, das Paddelboot hing, Ersatzteile für das Auto lagerten, allerlei Krimskrams herumstand und die Werkzeugbank von Pits Vater und den großen Brüdern war.

»Da bin ich«, sagte Wendelin.

»Da bin ich«, sagte Valentin.

»Das sehe ich«, sagte Pit.

»Warum willst du eigentlich, dass wir ein Tandem bauen?«, fragte Wendelin Pit.

Weil Pit die Frage erwartet hatte, war er vorbereitet. Er antwortete: »Wegen der fachlichen Herausforderung an uns. Versteht ihr, was ich meine?«

So etwas hörten die beiden anderen Fachleute gern und darum erklärten sie, selbstverständlich verstünden sie das. Also konnte die Arbeit sofort beginnen.

Aber wie baut man ein Tandem?

Fachmann Valentin schlug vor: »Wir sägen Pits Mountainbike durch und verlängern die Stangen mit Eisenrohren. Dann schweißen wir einen zweiten Sattel drauf und einen zweiten Lenker. Im Prinzip ist die Angelegenheit doch ganz einfach.«

Fachmann Wendelin widerspach. »Du vergisst, dass wir einen zusätzlichen Zahnkranz, eine zusätzliche Kette und ein paar Pedale zusätzlich brauchen. So einfach ist die Angelegenheit nicht. Wer von uns kann schweißen?«

Pit schaltete sich ein. »Schweißen ist ja eigentlich kein Problem. Aber leider haben wir kein Schweißgerät. Wir müssen aus zwei Fahrrädern ein Tandem bauen. Das ist es.«

Diesen Vorschlag fanden Valentin und Wendelin astrein.

Martin war wie immer mit seinem Fahrrad zum Wasserwerk gefahren. Sein Mountainbike wollte Pit lieber nicht für die Umarbeitung in ein Tandem zur Verfügung stellen. Das Fahrrad seiner Mutter eignete sich nicht, weil Damenräder wegen der fehlenden Stange nicht genug Stabilität für die Verarbeitung zu einem größeren Fahrzeug besitzen. Blieben also die Räder vom Vater und von Michael. Außerdem radelten die beiden höchst selten.

»Dieses Fahrrad und dieses Fahrrad kommen für das Tandem in Frage«, erklärte Pit mit Fachmannstimme und zeigte mit einem Hammer auf die beiden ausgewählten Räder.

Valentin und Wendelin kramten nun erst einmal Schraubenzieher, Zangen, Ölkannen, Schraubenschlüssel, Nägel, Handbohrer, Metallsägen, Hämmer, Leimtuben, Stechbeitel, Feilen

und Raspeln aus ihren Werkzeugkisten und prüften Drahtrollen, Klebeband und Ersatzbirnchen auf ihre Brauchbarkeit. Das alles sah wirklich sehr fachmännisch aus.

Anschließend legten die Tandembauer zur Stärkung eine kleine Pause ein und verschlangen die Bananen, die Pit im Vorratskeller entdeckt hatte.

Pit war es dann auch, der mit einer beeindruckenden Konstruktionszeichnung seinen Mitarbeitern den Plan für den Umbau der zwei Fahrräder zu einem Tandem erklärte. Wendelin und Valentin nickten kennerhaft.

»Das Problem mit den zwei Paar Pedalen ist damit aber immer noch nicht gelöst«, gab Wendelin zu bedenken. »Oder sollen wir die beiden Fahrradketten so verbinden, dass sie über beide Zahnräder laufen?«

Pit entschied: »Nur das hintere Fahrrad braucht Antrieb.«

»Ein richtiges Tandem wird aber von zwei Fahrern gestrampelt«, wandte Valentin ein. »Das ist doch der Sinn der Sache.«

»In diesem Fall nicht«, sagte Pit. Er dachte:

Ich darf doch nicht verraten, dass meine zukünftige Beifahrerin gar nicht Rad fahren kann!

Jetzt legten sich die drei Fahrradfachleute mächtig ins Zeug. Von einem Fahrrad montierten sie das Hinterrad ab, vom anderen das Vorderrad. Die Gabel des hinteren Fahrrads steckten sie durch die Gepäckträgerstäbe des vorderen. Dann galt es die Stangen und Rahmen der beiden Fahrräder kräftig zu stabilisieren. Dazu nahmen sie lange, runde Hölzer, mit denen in der Gärtnerei die jungen Bäume vor dem Umknicken bewahrt wurden, und wickelten Unmengen Draht und Bindfäden und Klebeband darum. Das hintere Fahrrad ragte hoch wie eine Giraffe.

»Das Tandem scheint ja ziemlich stabil zu sein«, sagte Wendelin und rüttelte an dem schwankenden Fahrzeug, »aber etwas seltsam kommt es mir doch vor. Andere Tandems sehen irgendwie anders aus.«

»Dies ist ja auch ein ganz besonderes!«, verteidigte Pit das Werk. »Vorne kann man lenken und hinten kann man treten und bremsen. Ich sage euch: Das ist eine sensationelle Erfindung!«

Das fanden Valentin und Wendelin auch.

»Wenn ich mir dieses Tandem so anschaue, dann erinnert es mich an eine Dampfwalze«, sagte Valentin.

»Und mich an ein Unterseeboot«, meinte Wendelin.

»Ihr habt ja keine Ahnung!« Pit war ein wenig beleidigt, denn er fand das Supertandem hinreißend schön. »Man könnte höchstens denken, dass es etwas von einem Omnibus hat. Was Besseres kann man über ein Tandem überhaupt nicht sagen!« Und weil er so mächtig in Schwung war beim Drähtezusammenwickeln, rutschte die Kneifzange ab und kniff schlimm in seinen Daumen.

»Oh, verdammter Mist!«, schrie Pit. »Mein Daumen bricht ab!« Er hielt den Daumen hoch, der wurde sofort blau und grün und gelb und auch ein bisschen lila und schwoll schrecklich an.

Valentin begutachtete die Verletzung aufmerksam. »Abbrechen wird der Daumen wohl

nicht«, sagte er, »aber eine Blutvergiftung könnte das schon werden. Am besten, wir bringen dich zum Arzt.«

Pit war aber dagegen. Er sauste aus dem Keller in die Gärtnerei hinüber. Seine Mutter war im Gewächshaus dabei, Rosenbäumchen zu beschneiden.

»Mamm, mein Daumen!«, wimmerte Pit.

Die Mutter nahm den Erste-Hilfe-Kasten

vom Wandbord und machte Pit einen dicken Arnikaverband.

»Ach, mein Junge, was bist du nur für ein Pechvogel! Wie hast du denn das wieder angestellt?«

»Ich wollte was an meinem Bike reparieren«, erklärte Pit, »und da ist die blöde Zange ausgerutscht.«

Der Daumen schmerzte schauerlich. Trotzdem half Pit das Spezialtandem aus dem Keller zu schaffen. Es war furchtbar schwer, ungefähr so schwer wie ein Motorrad. Durch die Kellertür und über die Kellertreppe ging es nicht. Dafür war das Tandem viel zu lang. Also wuchteten die drei Fahrradfachleute es durch das Kellerfenster nach draußen. Leider ging dabei die Scheibe von einem Fensterflügel zu Bruch.

»Wollen wir das Tandem mal ausprobieren?«, fragte Valentin.

»Das machen wir morgen in aller Ruhe«, flüsterte Pit geheimnisvoll. »Hier könnten Unbefugte unser Tandem sehen und das darf auf keinen Fall sein. Erfindungen hält man geheim. Wisst ihr das etwa nicht?«

Valentin und Wendelin erklärten, dass sie das selbstverständlich wüssten. Als die Luft rein und kein Mensch auf der Straße zu sehen war, schoben die Erfinder mit vereinten Kräften ihre Erfindung an der Gartenmauer vorbei zum Feldweg und versteckten das Tandem im Gebüsch.

»Ja, morgen testen wir unser Wundertandem!«, rief Pit aus.

Das Ende einer Jungfernfahrt

Es war eindeutig ein Verrat, den Pit an seinen Mitarbeitern beging. Später sah er das auch ein und da schämte er sich sehr. Doch als Wendelin und Valentin mit ihren Werkzeugkisten nach Hause gegangen waren, geriet Pit in eine Art Freundenrausch. Seine Gedanken spielten verrückt. Vielleicht durfte er darum auch mildernde Umstände für sich in Anspruch nehmen. Er meinte es ja auch nicht böse.

Pit hatte nämlich wieder einmal eine Idee.

Er dachte: Wenn ein großes Schiff fertig gebaut ist, dann wird es getauft von einer schönen Frau. Dann macht man eine Jungfernfahrt. Nur ganz besonders ausgewählte Leute dürfen mitfahren, die sind die Ehrengäste.

Und wenn solch ein wunderbares Tandem fertig gebaut ist, dann muss es doch auch von einer schönen Frau getauft werden! Auf das Tandem passen aber nur zwei Ehrengäste. Ich bin natürlich der eine. Und wer ist der andere

Ehrengast, der mit mir die Jungfernfahrt machen darf?

Das konnte doch nur Pia sein!

Für wen war dieses Fahrzeug denn erfunden und gebaut worden? Für Pia selbstverständlich. Nach der Paddelbootpleite war Pit doch zur Wiedergutmachung gezwungen, ganz klar. Er musste Pia etwas Außergewöhnliches bieten, damit sie seine Schmach vergaß.

Und da gab es doch auch noch so vieles in der Umgebung, was er Pia zeigen wollte. Für solch eine Rundfahrt war das Wundertandem eindeutig das beste Fortbewegungsmittel. Pia konnte nicht Fahrrad fahren. Na und? Mit Pit zusammen auf dem Rad musste das Radeln für sie doch kinderleicht sein!

In dieser frohen Stimmung rief Pit beim Ristorante Toscana an. Herr Caracciola meldete sich.

»Ich möchte gern mit Pia sprechen«, sagte Pit.

»Aha. Wer bist du denn?«

»Pit.«

»Der Biertrinker!« Herr Caracciola lachte. »Um was geht es denn?«

»Es hat mit der Schule zu tun«, antwortete Pit.

»Momento. Ich hole die Pia.«

Pit konnte durch das Telefon hören, wie Herr Caracciola laut nach Pia rief. Hoffentlich kommt sie ans Telefon! wünschte Pit. Der komische Kloß meldete sich wieder.

Und dann meldete sich auch Pia.

»Was gibt's denn?«, fragte sie.

»Du, Pia, ich muss dir etwas zeigen! Eine Erfindung sozusagen. Staunen wirst du! Und du musst die Erfindung taufen. Dann machen wir die Jungfernfahrt und dann …«

»Pit, bist du sicher, dass du nicht betrunken bist? Was redest du denn da für einen Tüttelkram?« Pia schien sehr besorgt. »Hast du vielleicht Fieber?«

»Davon kann gar keine Rede sein!« Pit sprach mit beschwörender Stimme. »Ich habe wohl einen verletzten Daumen. Es war nämlich eine gefährliche Erfindung. Mehr kann ich dir jetzt nicht verraten. Du musst unbedingt kommen. Hörst du? Jetzt sofort. Ich warte auf dich an der Ziegelsteinmauer von unserer Gärtnerei. Wo der Feldweg beginnt.«

Ein paar Sekunden zögerte Pia. »Also gut«, sagte sie dann. »Ich kann aber wirklich nur ganz kurz. Du weißt doch, ich muss beim Saubermachen helfen.«

Pit hörte gar nicht mehr hin. Pia kommt! jubelte er innerlich, als er den Hörer auf die Gabel knallte.

Er dachte: Gut, dass ich ihr das mit dem verletzten Daumen gesagt habe. Bei Verletzungen werden alle Frauenherzen weich. Pit wickelte den Verband ab, damit der Daumen auch richtig zu sehen war.

Für eine Fahrzeugtaufe brauchte man eigentlich Sekt. Das wusste Pit. Wo sollte er aber eine Flasche Sekt auftreiben?

Aber im Grunde kam es doch nur auf das Kribbeln an. Pit sagte sich: Sprudelwasser kribbelt auch! Er holte eine Flasche Zitronensprudel aus der Vorratskammer und machte sich eilig auf den Weg zum Treffpunkt. Dort brauchte er höchstens eine Viertelstunde zu warten, da kam Pia getanzt.

»Halt dir erst einmal die Augen zu!«, forderte Pit. »Bei einer Überraschung muss man das so machen.«

»Hui, machst du es spannend, Pit!«

Pia hielt sich die Augen zu. Pit kroch ins Gebüsch und fing an unter Aufbietung all seiner Kraftreserven das mordsmäßig schwere Supertandem aus den Holunderbüschen zu ziehen.

Erstens riss er sich dabei beinahe die Arme aus, zweitens stieß er mit dem schlimmen Daumen gegen das Schutzblech des vorderen Fahrrads. Pit spürte einen Schmerz, als hätte ihn ein Krokodil gebissen, aber er schrie nur ganz leise.

Doch sofort stand Pia neben ihm.

»Armer Pit! Tut's sehr weh? O Mann, der ist ja richtig geschwollen, der Daumen! Hast du dich mal wieder doof angestellt?«

Pit war am Boden zerstört. Da hielt er hier ein Wunderwerk der internationalen Fahrradkonstruktion mit zitternden Händen und Pia schaute gar nicht hin, sondern kümmerte sich nur um seinen Daumen.

Diese Enttäuschung trieb Pit die Tränen in die Augen. Klar, der Schmerz im Daumen fiel zusätzlich ins Gewicht.

»Pia!«, stieß Pit hervor. »Die Erfindung! Schau sie dir an! Was sagst du dazu?«

»Himmel, was für ein irrer Apparat! Was soll denn das bloß sein?« Pia guckte sich verwundert Pits Erfindung an. Sie schüttelte verständnislos den Kopf.

»Aber Pia, das ist doch ein Tandem!«, schrie Pit verzweifelt.

»Ein Tandem? Was ist denn ein Tandem?« Pia begriff das alles noch immer nicht.

»Ein Tandem ist ein Fahrrad für zwei Personen. Ich habe dieses Tandem erfunden und gebaut.« Pit warf sich stolz in die Brust.

»Du ganz allein?«, staunte Pia.

»Valentin und Wendelin haben mir ein bisschen geholfen. Aber nur ein bisschen!« Pit schlug mit der Faust auf die zwei Sättel. »Du und ich, wir machen jetzt die Jungfernfahrt!«

»Aber du weißt doch, dass ich nicht Rad fahren kann!«

Auf diesen Satz hatte Pit nur gewartet.

»Das ist doch gerade der Sinn meiner Erfindung!«, jubelte er. »Es reicht, dass einer von den beiden Rad fahren kann. Du sitzt vorn und brauchst bloß zu lenken, alles andere mache ich. Auf diese Weise lernst du außerdem ganz locker, wie Radfahren geht. Und jetzt musst du die Taufe vornehmen.«

Die verwirrte Pia machte große Augen. »Was für eine Taufe?«

»So etwas wie eine Schiffstaufe. Das bringt Glück. Hier, nimm diese Flasche.« Er drückte Pia die Zitronenlimoflasche in die Hand. »Hau sie ganz fest gegen das Tandem. Am besten hier vorne. Die Flasche muss dabei zerplatzen, hörst du? Und der Sekt muss dann über unser Tandem spritzen.«

»Aber Pit, das ist doch gar kein Sekt!«

»Das spielt keine Rolle. Wichtig ist nur, dass es kribbelt.« Pit dachte plötzlich daran, dass bei einer Schiffstaufe auch immer der Name des Schiffes gerufen wird. Also überlegte er sich schnell einen Namen für das Tandem. »Wenn die Flasche zerknallt, musst du zu dem Tandem sagen: Ich taufe dich auf den Namen Donnervogel.«

»Pit, du spinnst.«

»Los, mach schon!«, forderte Pit begeistert.

Pia schlug zu. Die Flasche hielt das aber aus. Wieder und wieder ließ Pia die Zitronensprudelflasche auf den Fahrradlenker knallen und dann, das war beim siebenundzwanzigsten Versuch, zersprang die Flasche. Allerdings ging dabei auch die Fahrradlampe zu Bruch. Pit war anschließend von oben bis unten voll klebrigem Zitronensprudel, aber das machte ihm nichts aus.

Pia sagte: »Ich taufe dich auf den Namen Donnervogel.«

Gemeinsam schoben Pit und Pia das schwere Tandem auf den Feldweg. Die Jungfernfahrt konnte beginnen. Ängstlich betrachtete Pia das eigenartige Fahrzeug von vorn bis hinten und von hinten bis vorn.

»Sag mal, führt dieser Weg nicht zum Ententeich hinunter?«, fragte sie. Es hörte sich so an, als hätte sie dieses Mal den komischen Kloß im Hals.

»Sicher«, sagte Pit. »Bergab geht das Fahren immer leichter.«

»Und wenn's zu schnell wird?«

»Dann bremse ich.« Fachmann Pit lächelte beruhigend. »Jetzt steig auf, Pia! Du weißt, die Damen sitzen vorn.«

Pia kletterte auf die vordere Tandemhälfte. Es quietschte und knirschte. Als sie auf dem Sattel hockte, griff sie mit zittrigen Händen nach dem Lenker.

»Wenn uns jemand entgegenkommt, musst du einfach klingeln«, erklärte Pit.

Dann versuchte er aufzusteigen. Das war ein

gefährliches Abenteuer, denn durch das enorme Gewicht kippte das Tandem immer wieder zur Seite.

Doch Pit dachte sich einen Trick aus. Er schob das Tandem ein wenig an und als es dann ins Rollen geriet, sprang er behände wie ein Schimpanse auf.

Da krachte und ruckte es in den Rundhölzern und Latten. Die Drähte und Seile waren zum Bersten gespannt und gaben scheußliche Geräusche von sich. Pit hielt den Atem an. Scheppernd, polternd und bockend gewann das Supertandem an Geschwindigkeit.

»Schau nach vorn, Pia!«, rief Pit. »Und ganz locker lenken! Bloß nicht verkrampfen! Du brauchst keine Angst zu haben. Ich bin ja bei dir.«

Während das Tandem schneller und schneller wurde und immer gefährlicher hopste und schlingerte, machte Pit drei böse Entdeckungen. Entdeckung Nummer eins: Wegen des dicken Bündels Stabilisierungsmaterial musste er die Beine spreizen und kam mit den Füßen nicht an die Pedale ran. Entdeckung Nummer zwei: So sehr er auch an den Handbremsen zog und zerrte, das schwere Fahrrad ließ sich nicht bremsen mit nur einer Felgenbremse und die Vorderradbremse war witzlos, weil die hintere Tandemhälfte ja kein Vorderrad hatte. Entdeckung Nummer drei: Pia geriet in Panik und schaffte es nicht das schwankende Fahrrad zu lenken.

Einfach abspringen! schoss es Pit durchs Gehirn. Aber die Idee taugte nichts. Das Tandem rollte schon viel zu schnell.

»Hilfe!«, schrie Pia. »Was soll ich machen?«

»I-i-ich weiß es nicht!«, schrie Pit.

»Heilige Madonna!«, schrie Pia.

»Beten kann nicht schaden!«, schrie Pit.

Und nun zerlegte sich das Tandem in seine einzelnen Bestandteile. Die Drähte platzten, die Hölzer brachen, die Gabel der hinteren Tandemhälfte sprang aus dem Gepäckträgergestänge der vorderen Tandemhälfte. Das Ende der Jungfernfahrt war nahe. Der hintere Teil des Tandems bog sich zur rechten Seite, der vordere zur linken Seite.

Pit schloss die Augen.

Pia kreischte: »Der Ententeich!«

Es platschte ohrenbetäubend, als die Teile des Supertandems namens Donnervogel und die beiden Kinder mit Schwung in den kleinen Teich flogen und sich dort verteilten.

Pit fühlte, wie das Wasser ihn gnädig aufnahm. Allerdings hatte er dann Mund und Nase so voll Schlamm, dass er röchelnd und spuckend auf die Füße sprang. Neben ihm erhob sich ein Wesen, das glatt aus einem Horrorfilm stam-

men konnte. Das Wesen röchelte und spuckte ebenfalls.

Als sie endlich wieder sprechen konnte, sagte Pia: »Pit Huskamp, du idiotischer Spinner, du Käsekopf, du toller Erfinder! Was hast du eigentlich gegen mich, dass du mich so gemein behandelst?«

»Pia!« Mehr fiel Pit im Moment nicht ein.

»Das ist jetzt schon das zweite Mal, dass du mich in diese Dreckbrühe schmeißt. Aber jetzt war es auch das letzte Mal, das kannst du dir hinter deine Segelohren schreiben. Und wenn du mit einem vergoldeten Rolls-Royce ankommst: Mit dir fahre ich nie, nie wieder!«

»Jeder kann mal Pech haben«, murmelte Pit.

»Es gibt Leute, die haben immer Pech!«, fauchte Pia.

»Ja«, sagte Pit und senkte den Kopf.

Pia watete wieder einmal aus dem Wasser und lief nach Hause. Sie drehte sich kein einziges Mal um. Das traf Pit schwer. Er sammelte das Tandem ein. Die Enten hörten nicht auf zu schnattern. In Pits Ohren klang es so, als lachten sie sich tot.

»Warum ist das Leben so grausam?«, fragte Pit ein Wasserhühnchen.

Das Wasserhühnchen wusste es anscheinend auch nicht.

Regentage

Pit war sehr traurig. Vor lauter Traurigkeit wünschte er sich auch trauriges Wetter: Ich wollte, es würde regnen! Kaum war eine Minute vergangen, da fing es an zu regnen. Wenigstens kann ich zaubern, dachte Pit.

Das Donnerwetter kam aber nicht aus den Wolken, das erwartete ihn am Abend zu Hause. Vater, Mutter, Martin und Michael saßen wie Staatsanwälte am Tisch und schwiegen Pit zuerst einmal bedrohlich an.

Dann nahm der Vater die Pfeife aus dem Mund. »Peter«, sagte er grollend, »das Fass ist übergelaufen.«

»Welches Fass?«

»Das Fass deiner Unverschämtheiten!« Michael haute mit der Faust auf den Tisch. »Jetzt wird abgerechnet.«

Pit starrte auf seine Fußspitzen.

Martins Stimme war zuerst noch leise. »Du hast Michaels Fernrohr ruiniert. Du hast zwei

Fahrräder zu Schrott verarbeitet. Du hast mein Paddelboot zerrissen. Du hast eine Kellerfensterscheibe eingeschlagen.«

Der Vater machte weiter. »Du hast eine Orchidee geklaut.«

Und die Mutter fügte hinzu: »Der Wäschekorb ist voll von deinen nassen und verschlammten Klamotten.«

Jetzt wurde Martins Stimme mächtig laut. »Kannst du uns das vielleicht erklären?«

»Nein«, sagte Pit.

»Kannst du nicht? Oder willst du nicht?«, fragte Michael.

»Beides«, antwortete Pit leise.

»Das hält man doch im Kopf nicht aus!«, polterte Martin so laut, dass die Gläser im Wandschrank wie Weihnachtsglöckchen klingelten. »Das ist doch der Gipfel der Frechheit! Wirst du als nächstes das Haus anzünden oder die Familie ausrotten? Los, antworte, du Giftzwerg!«

Das ließ Pit sich nicht gefallen. »Wenn du noch einmal Giftzwerg zu mir sagst, beiße ich dir die Nase ab!«

Martin lachte höhnisch. »Hör sich das einer an! Unser Kleiner spielt den großen Max. Soll ich dir ein paar hinter die Ohren geben?«

»In diesem Haus wird nicht geschlagen«, erklärte der Vater und versuchte vergeblich die Pfeife wieder in Brand zu setzen. »Aber ich will jetzt endlich wissen, was das alles zu bedeuten hat. Los, Peter, rede!«

»Ich habe eben Pech gehabt«, sagte Pit kleinlaut.

Michael erklärte mit einer Feierlichkeit, zu der nur ein Bankbeamter fähig ist: »Mit Pech hat das nichts zu tun. Das war eindeutig gezielte Zerstörung. Wir bestehen darauf, den Grund zu erfahren.«

»Unser Peter ist nun mal ein Pechvogel«, sagte die Mutter. Das sollte bedeuten: Habt ein bisschen Mitleid mit ihm! Vier Erwachsene gegen ein Kind, das ist nicht gerecht.

Martin war da aber ganz anderer Ansicht. »Pechvogel oder nicht, er benimmt sich wie ein Halbgescheiter. Erst zerdeppert er den halben Haushalt, dann spielt er den Dorftrottel. Wir warten auf deine Erklärung, Pit!«

»Ich verweigere die Aussage.« Pit starrte wieder auf seine Fußspitzen. »Und wenn ihr mich am Marterpfahl bratet: Ich sage nichts.«

Der Vater guckte besorgt. »Das ist doch nicht normal. Entweder ist er krank oder er hat Schwierigkeiten in der Schule. Jemand sollte mit der Lehrerin sprechen.« Damit meinte er natürlich seine Frau.

Die Mutter wiegte sehr merkwürdig den Kopf. »Also, wenn ihr mich fragt, ist es etwas anderes. So verrückt benehmen sich eigentlich nur Verliebte. Aber für so etwas ist unser Peter ja noch zu jung. Lasst uns jetzt erst einmal zu Abend essen.«

»Ich habe keinen Hunger«, murmelte Pit.

»Jetzt ist er völlig übergeschnappt«, stellte Michael fest.

Mit müden Beinen stieg Pit die Treppe zu seinem Zimmer hinauf. Dann hockte er sich vor sein Aquarium und schaute den Zebrafischen zu. Die haben's gut, dachte er. Warum bin ich kein Zebrafisch? Später tröstete ihn der Nachtregen ein wenig. Aber wirklich nur ein wenig!

Das nächste Donnerwetter erwartete ihn in der Schule. Wendelin und Valentin wussten schon alles. Wie zwei Racheengel gingen sie auf Pit los.

»Du Verräter!«, schrie Valentin.

»Du hast unsere Abmachung gebrochen«, schimpfte Wendelin. »Wir hatten beschlossen, dass wir gemeinsam das Supertandem ausprobieren. Aber du hast dich heimlich an das Wunderwerk herangemacht. Hinter unserem Rücken!«

»Verrat ist das!« Valentin drohte mit der

Faust. »Verrat an den eigenen Freunden. Wer so etwas tut, der verliert seine ganze Ehre. Bah, pfui!« Er spuckte vor Pit auf die Erde.

Pit stand da und hatte den komischen Kloß im Hals.

»Du hast unser Meisterwerk zerstört!« Wendelin spuckte auch auf die Erde. »Das werden wir dir nie verzeihen. Nie!«

»Jawohl«, bestätigte Valentin. »Bis zu deinem Tode nicht.«

Valentin und Wendelin drehten sich um und stapften mit wütenden Schritten davon. Die anderen Kinder schauten mit offenen Mündern zu. Warum schimpften die beiden so mit Pit? Was hatte das zu bedeuten? Aber Pit gab auf die Fragerei der neugierigen Mädchen und Jungen keine Antwort.

Pia saß allein auf der Schultreppe. Sie wusste natürlich Bescheid, aber sie schwieg. An ihrer hellblauen Hose waren noch dunkle Flecken zu sehen.

Frau Updenacker spürte, dass mit Pit irgendetwas nicht in Ordnung war. Weil sie eine erfahrene Lehrerin war, quälte sie ihn aber nicht mit Fragen. Am Unterricht beteiligte Pit sich fast gar nicht. Er starrte aus dem Fenster und schaute dem Regen zu.

Pit dachte: Wie gut, dass es wenigstens scheußlich regnet! Das passt genau zu meiner Traurigkeit. Zwei Fahrradfachleute haben sich von mir abgewandt, meine Familie hält mich für einen Idioten und Pia schaut mich nicht einmal an. Warum ist das Leben so grausam?

Heimlich beobachtete Pit in der nächsten Zeit das Mädchen mit den goldenen Haaren. Er schielte zu ihr hinüber, wenn sie beim Unterricht mit ihrer zierlichen Hand Sätze und Zahlen ins Heft schrieb. Aus den Augenwinkeln sah er zu, wenn sie beim Turnen über den Schwebebalken schwebte. Er spähte hinter Büschen und Hausecken hervor, wenn Pia unter ihrem bunten Regenschirm durch die Straßen tanzte und den Eierkorb schwenkte. Sie sah ihn nicht, aber er sah sie. Das Herz war ihm schwer.

An einem Morgen geschah etwas, das alles veränderte.

Frau Updenacker sagte: »Jetzt nehmt eure Hefte raus! Wir schreiben einen Aufsatz. Das

Thema heißt: *Ich wünsche mir ein Tier.* Jeder soll sich ein Lieblingstier ausdenken und darüber eine schöne Geschichte schreiben. Wollt ihr auch ein Bild dazu ins Heft malen?«

»Jaaa!«, riefen alle.

Nein, falsch: nicht alle. Einer sagte gar nichts. Pit nämlich. Er hatte keine Lust zum Malen und zum Schreiben. Am liebsten hätte er Frau Updenacker erklärt: Ich kann nicht mitmachen, weil mir furchtbar schlecht ist. Wahrscheinlich muss ich kotzen. Aber dann zog er doch das Heft aus der Schultasche.

Pit malte ein ganz fettes und hässliches Nilpferd, das hatte das Maul weit aufgerissen, als wollte es die Welt verschlingen. Er malte auch spitze Zähne, obwohl er wusste, dass Nilpferde keine spitzen Zähne haben. Dann schrieb er:

Ich wünsche mir ein ganz fettes und hässliches Nilpferd. Das setze ich in den Ententeich, damit es im Schlamm wühlen kann und schön dreckig wird.

Pit äugte zu Pia hinüber. Was für ein Tier hatte sie sich ausgesucht?

Pit erkannte, dass Pia ein schokoladenbraunes

Pony gemalt hatte. Er beugte sich weit vor und da konnte er auch lesen, was Pia aufgeschrieben hatte:

Ich wäre sehr glücklich, wenn ich ein Pony hätte. Das wäre dann mein Lieblingstier. Schon lange wünsche ich mir ein Pony, aber ich habe noch keins. Aber vielleicht geht mein Wunsch eines Tages in Erfüllung. Es könnte ja ein Wunder geschehen …

Pit las nicht weiter. Ihm wurde ganz warm im Bauch. Denn plötzlich hatte er wieder einmal eine großartige Idee.

Und in diesem Augenblick hörte auch der Regen auf.

Die Ponyreiter

Tankwart Kohlmeyer besaß nicht nur eine Tankstelle, eine Autowerkstatt und eine Pommes-frites-Bude, sondern auch sieben Ponys. Die Ponys liefen auf der Wiese hinter der Werkstatt herum. Die Kinder von guten Kunden durften auf den Ponys reiten. Wenn andere Kinder zur Ponyweide kamen, vertrieb der Tankwart sie. Im Grunde mochte er Kinder nicht leiden.

Pit hatte schon oft am Zaun der Weide gestanden und den Ponys zugeschaut. Sein Trick war,

dass er sich stets durch die Haselnussbüsche an den hinteren Teil der Wiese anschlich. Dort war er von der Tankstelle aus nicht zu sehen.

So machte Pit es auch an diesem Nachmittag. Er hatte einen Strick und eine Wolldecke bei sich. Mit kühnem Apachenblick prüfte Pit aus dem Versteck heraus die Lage, ehe er sich dem Weidezaun näherte. Pit kroch unter dem untersten Brett des Holzgatters durch. Die Ponys hatten ihn schon bemerkt und kamen leise schnaubend näher. Im Gegensatz zum Tankwart mochten die Ponys nämlich Kinder leiden.

Zwei Ponys waren schwarz, zwei waren gescheckt, eins war kunterbunt wie ein Clown, eins war milchweiß und eins war gelb wie Honig. Pit fand alle sieben Ponys sehr schön, doch das honiggelbe erschien ihm noch ein wenig schöner als die anderen. Es hatte eine weiße Mähne und einen weißen Schwanz. Der Apache Pit entschied sich für das honiggelbe Pony.

»Komm zu mir!«, lockte er leise. »Komm zu mir!« Und das Pony kam. Es knabberte die Apfelstückchen, die Pit aus der Hosentasche holte, und blies ihm aus den schmalen Nüstern seinen Atem ins Gesicht. »Ja, puste mich noch ein bisschen an!«, bat Pit. »Das macht Mut!«

Das honiggelbe Pony hielt still, als Pit ihm den Strick zu einem Zügel ans Halfter knotete. Es ließ sich auch willig die Wolldecke auflegen. Die anderen Ponys schauten aufmerksam zu. Sie liefen auch ein Stück mit, als Pit das honiggelbe Pony langsam zum Gattertor führte. Jetzt wurde es gefährlich. Das Gattertor war von der Tankstelle aus zu sehen. Aber Pit hatte sich längst eine List ausgedacht. Er wartete, bis drüben bei der Tankstelle dröhnend ein schwerer Lastwagen mit Anhänger zu der Diesel-Zapfsäule fuhr. Der dicke Brummer versperrte nun dem Tankwart Kohlmeyer und seinen Leuten den Blick auf die Ponyweide.

Jetzt schnell! Ja, nun war der entscheidende Augenblick gekommen. Pit sauste zum Gattertor und schob den Eisenriegel zurück. Das Pony wartete geduldig. Pit nahm es rasch beim Zügel und zog es mit sich durch das Törchen in die Büsche hinein. Dort band er es fest, damit er das Gatter wieder verschließen konnte. Die sechs

Ponys auf der Weide hatten ihre Nasen längst wieder ins Gras gesteckt.

»Geschafft!«, jubelte Pit sich selber zu.

In weitem Bogen führte er das Pony durch die Büsche zum Fichtenwäldchen und von dort an Obstgärten und Gehöften vorbei zur Südseite des Dorfes. Wenn neugierige Leute schauten, winkte Pit ihnen freundlich zu. Die Wolldecke rutschte mehrmals vom Ponyrücken, darum klemmte Pit sie sich unter den Arm.

Als er aber dann beim Ententeich ankam, legte Pit dem honiggelben Pony die Decke wie einen Sattel wieder auf. Und dann – dann bestieg er von einem Baumstumpf aus sein Reittier. War das ein herrliches Gefühl! Genau wie damals bei Onkel Rudolf auf dem Bauernhof, wo Pit zum ersten Mal auf einem Pony geritten war.

Das Pony ließ sich mit dem Strickzügel leicht lenken. Es trippelte und trappelte den Feldweg hinauf und schien genauso stolz zu sein wie der Reiter auf seinem Rücken.

»Lauf, mein wackeres Ross, lauf!«, jauchzte Pit. Das Pony trug ihn eilig zum Hügel hinauf und zur Dorfstraße und zum Ristorante Toscana. Pit wusste ja, welches Fenster zu Pias Zimmer gehörte. Ganz fest wünschte er, dass Pia zu Hause wäre. »Pia!«, rief Pit. »Pia, schau nur!«

Und da schaute Pia wirklich aus dem Fenster und hielt sich dann staunend und als ob sie es nicht glauben könnte die Hände vor die Augen. »Pit, was für ein wunderschönes Pony du hast!«

»Willst du mit mir reiten?«, rief Pit.

»Ja! Gern!«

»Dann komm, Pia! Komm schnell!«

Schnell wie der Wind kam Pia aus dem Haus gelaufen. Ihre goldenen Haare flatterten. Sie atmete tief durch und streichelte behutsam den Hals und die Nase des Ponys. Dem Pony gefiel das offensichtlich. Es zupfte mit den Lippen an Pias Blusenärmel und scharrte mit dem rechten Vorderhuf. Pia legte den Kopf fest an den Ponybauch und lächelte.

»Wie gefällt dir mein Pony?«, fragte Pit.

»Ach, Pit, es ist das schönste Pony der Welt!«

»Dann steig auf, Pia! Wir reiten zusammen durch die Wiesen.«

Pia konnte es wohl nicht glauben. »Und es ist wirklich dein Pony? Ganz richtig im Ernst?«

»Hundertprozentig!« Pit reckte sich. »Ich habe noch mehr Ponys.«

Als er Pias argwöhnischen Blick bemerkte, fügte er rasch hinzu: »Also, sie gehören nicht mir allein, sie gehören unserer Familie. Aber ich bin praktisch der Einzige, der auf ihnen reitet. Dieses ist übrigens mein Lieblingspony.«

»Wie heißt es denn?«

»Wie es heißt? Äh... es heißt... Honigbiene heißt es! Wegen der Farbe. Verstehst du?«

»Honigbiene!« Pia schaute dem Pony ins rechte Auge, dann ins linke. »Der Name passt. Hast du ihn ausgesucht?«

»Ja«, sagte Pit.

»Kann das Pony uns beide denn tragen?«, fragte Pia.

»Klar! Es ist ein besonders starkes Pony.« Pit hielt Pia den Arm hin, damit sie sich beim Aufsteigen festhalten konnte.

Pia saß einen Augenblick ganz still, weil sie das neue Gefühl genießen wollte. Sie hatte vorher noch nie auf einem Pony gesessen. Dann rutschte sie näher zu Pit, damit sie auch auf der

Wolldecke Platz fand. Pit lächelte selig, als Pia sich an ihn schmiegte.

Das honiggelbe Pony wippte mit dem Kopf sein Einverständnis, setzte sich langsam in Bewegung und trippelte dann eifrig drauflos. Seine kleinen Hufe klapperten auf dem Straßenbelag. Als Pit leicht an den Zügeln zog, bog es in die Apfelbaumallee ein. Hier war der Boden weich.

»Ach, Pit! Ist das schön!« Pia summte die Wörter wie ein Lied.

Pit drehte sich ein wenig um. »Findest du? Also, wenn du willst, kannst du dir nächstens immer ein Pony bei mir ausleihen. Du brauchst es mir nur zu sagen.«

Pia wollte es noch immer nicht recht glauben. »Schwörst du, dass du das wirklich im Ernst meinst?«

Pit bekam einen Schrecken. Er wusste, dass man wegen Meineides mit Zuchthaus bestraft wurde. Darum fand er schnell eine ausweichende Antwort. »Schau dir die anderen Ponys erst einmal an. Dann reden wir weiter. Sollen wir mal zu den großen Sonnenblumen reiten? Oder möchtest du lieber in den Wald?«

»Ist mir gleich, Pit! Hauptsache, wir reiten, reiten, reiten. Es macht so viel Spaß!«

Pia bewegte sich schon ganz leicht und geschmeidig auf dem Ponyrücken. Die erste Scheu war verflogen. Und weil sie ja eine geschickte Turnerin war, versuchte sie sogar kleine

Kunststücke. Sie streckte Arme und Beine von sich und hielt sich kein bisschen fest. Einmal bückte sie sich ganz tief hinunter und pflückte während des Reitens eine Pusteblume ab. Sie pustete und die Schirmchen vom welken Löwenzahn schwebten mit dem Wind davon. Das honiggelbe Pony fiel in leichten Trab.

Durch die Kronen der Apfelbäume strahlte das Sonnenlicht wie mit Scheinwerfern. Pias Haar leuchtete, das Fell des Ponys leuchtete und in Pits Kopf leuchtete es auch.

Sie erreichten das Ende der Apfelbaumallee. Da war mit schrecklicher Plötzlichkeit der komische Kloß in Pits Hals. Pit sah nämlich auf einmal das grün-weiße Polizeiauto, das ihnen langsam entgegenkam.

»Pia!«, rief Pit mit zittriger Stimme. »Pia, wir müssen jetzt ganz tapfer sein!«

»Was ist denn los?«, fragte Pia verwundert.

Pit konnte keine Antwort geben, denn das Polizeiauto war schon da. An der einen Seite stieg Hauptwachtmeister Klawitter aus, an der anderen Tankwart Kohlmeyer. Der Hauptwachtmeister knöpfte seine Uniformjacke zu, der

Tankwart seinen blauen Kittel. Die beiden Männer standen da wie zwei Riesen.

»Da sind die Diebe!«, schrie der Tankwart mit wutrotem Gesicht. »Nehmen Sie sie fest! Ich erstatte Anzeige.«

»Dann steigt mal ab, ihr Diebe!«, befahl der Hauptwachtmeister.

Pit rutschte mit weichen Beinen vom Pony.

»I-i-ich bin ganz alleine der Dieb«, stotterte er. »Die Pia hat nichts damit zu tun.«

»Her mit dem Pony!«, keifte der Tankwart Kohlmeyer und riss den Strickzügel an sich. Die Wolldecke fetzte er einfach zu Boden. »Komm, Mausi, ich bring dich wieder nach Hause«, sagte er zu dem Pony. Und zu Hauptwachtmeister Klawitter sagte er: »Ich erwarte eine harte Bestrafung. In was für Zeiten leben wir eigentlich, in denen sogar die Kinder schon zu Dieben werden! Kein Respekt vor fremdem Eigentum. Es wird ja immer schöner!«

Pit sagte noch einmal: »Die Pia hat nichts damit zu tun.« Er hielt dem Hauptwachtmeister die Hände hin. »Sie können mir jetzt Handschellen anlegen.«

Hauptwachtmeister Klawitter sagte: »Wenn ihr versprecht, dass ihr keine Fluchtversuche macht, können wir vielleicht von Handschellen absehen. Hopp, steigt in mein Auto ein! Wir fahren zum Polizeirevier.«

»Aber die Pia doch nicht!«, rief Pit in höchster Not. »Sie hat doch gemeint, dass das Pony mir gehört!«

»Die Sache wird ja immer krimineller!«, tobte der Tankwart.

»Nun steigt schon ein!«, sagte der Hauptwachtmeister.

Da kletterte Pit in das Polizeiauto und dachte: Hoffentlich mache ich mir nicht in die Hose! Er wagte nicht Pia anzuschauen. Warum musste auch gerade ein Pony Pias Lieblingstier sein? Warum nicht ein Wasserbüffel oder ein Warzenschwein! Pit ahnte, dass seine Idee eine furchtbar blöde Idee gewesen war. Er sagte sich während der Fahrt zum Polizeirevier ununterbrochen vor: Ich hab es doch gut gemeint, ich hab es doch gut gemeint, ich hab es doch gut gemeint, ich hab es doch gut gemeint...

Auf dem Polizeirevier musste Pia im Vorraum

warten. Hauptwachtmeister Klawitter nahm Pit beim Kragen und führte ihn ab in sein Büro. Dort knöpfte er sich die Polizeijacke wieder auf und nahm die Dienstmütze ab. Er zeigte auf einen Stuhl vor seinem Schreibtisch. Pit setzte sich hin und kämpfte gegen den komischen Kloß an.

»Peter Huskamp«, sagte der Hauptwachtmeister, »weißt du, dass du der trotteligste Trottel aller Trottel bist?«

»Ja.«

»Weißt du, was das ist, wenn man ein Pony stiehlt?« Pit nickte. »Ein schweres Verbrechen.«

»So ungefähr«, bestätigte Hauptwachtmeister Klawitter und kratzte sich am Hinterkopf. »Du hast diesen Diebstahl begangen um bei dem Mädchen den großen Angeber zu spielen, ja? Los, gestehe!«

»Ich gestehe«, sagte Pit.

»Gut, Freundchen, dein Geständnis habe ich also!«

»Werde ich jetzt ins Gefängnis gesperrt?«, fragte Pit mit ganz dünner Stimme. Er sah die Gitterstäbe schon vor sich.

»Ich könnte dich vielleicht auf Bewährung

entlassen, wenn du mir versprichst, dass du so einen Blödsinn nicht wieder machst. Also, ich höre.«

Pit stand vom Stuhl auf und hob die Hand zum Schwur. »Ich schwöre es – so wahr mir Gott helfe!«

Da stand auch der Hauptwachtmeister vom Stuhl auf. »Peter Huskamp, wenn ich dich noch einmal bei einem Diebstahl verhafte, weißt du, was ich dann mit dir mache?«

»Ich weiß es«, antwortete Pit. »Sie beißen mir die Nase ab.«

»Mindestens!«, sagte Hauptwachtmeister Klawitter. »Und jetzt mach dich auf die Socken und verschwinde. Und nimm das Mädchen mit!«

Pit raffte all seinen Mut zusammen. Er starrte auf seine Schuhspitzen und fragte: »Ist es vielleicht möglich, dass Sie mein Verbrechen nicht an meine Eltern weitersagen? Ich habe nämlich zur Zeit schon genug Schwierigkeiten.«

Auf einmal hatte der Hauptwachtmeister ein seltsames Glitzern in den Augen, das sah nach unterdrücktem Lachen aus.

»Da muß ich erst einmal im Grundgesetz nachschauen, ob das möglich ist. Versprechen kann ich es dir nicht, aber es könnte sein, dass die Möglichkeit besteht. So, raus jetzt!«

Pit verließ das Polizeirevier. Sein Herz war voll Traurigkeit. Er dachte: Pia wird mich für alle Ewigkeit verachten, sie wird mich für alle Ewigkeit hassen. Warum ist das Leben so grausam?

Als Pit und Pia auf der Straße standen, nahm

Pia Pit bei den Ohren und schaute ihm ganz fest in die Augen.

»Pit, hast du für mich das Pony gestohlen?«

»Ja.«

»Pit, bist du für mich zum Pferdedieb geworden?«

»Ja.«

»Mann, Pit, das war ja ungeheuer stark und mutig von dir!« Pia drückte Pit einen Kuss auf die Stirn, der schmatzte so laut, dass man ihn im ganzen Dorf hören konnte. Beinahe jedenfalls. Pit dachte: Ich träume!

Barfuß im Gras

War das ein Sonntag! Der Wind blies die Gebirge der weißen Wolken über den Himmel. Der Duft von Spätsommerheu wehte durch das Dorf und auf dem Marktplatz machte der Spielmannszug Musik.

Pit hockte vor seinem Aquarium. Er flüsterte den Zebrafischen zu: »Wir haben's gut!« Das meinte er wirklich so.

Und Pit hatte es ja auch gut.

Weil ihm die Geschichte von dem großen Pech mit dem Paddelboot und dem Supertandem und dem honiggelben Pony wie eine heiße Kartoffel auf der Zunge brannte, hatte er sie seiner Mutter erzählt.

Die Mutter wusste, dass man für einen verliebten Jungen Verständnis haben muss und dass man nicht über ihn lachen darf. Und darum erzählte sie die Geschichte dem Vater weiter und der erzählte sie Martin und Martin erzählte sie Michael. Sie beschlossen dem verliebten Pit nur noch ein bisschen böse zu sein.

Die Fahrradfachleute Valentin und Wendelin hatten einen neuen Plan zum Bau eines außergewöhnlichen Fahrzeuges entwickelt und weil drei Fahrradfachleute nun mal mehr sind als zwei, hatten sie Pit wieder in ihre Erfindermannschaft aufgenommen.

Ja, das war ein Sonntag!

Zum Mittagessen gab es nur Butterbrote mit Leberwurst und Tomaten, aber das war gar nicht schlimm. Denn Michael hatte die Familie zu einem üppigen Abendessen eingeladen, weil er in der Sparkasse befördert worden war. Das Abendessen würde im Ristorante Toscana stattfinden. Selbstverständlich!

Pit lief los um Pia abzuholen.

Es gab doch so viele Sachen, die sie unbedingt sehen musste. Die Krähennester in den Kopfweiden, die alten Sandsteinfiguren beim Nonnenkloster, die tiefe Baugrube für die Möbelfabrik, die Frischlinge in Seppelbauers Schweinestall, das Oldtimer-Auto von Martins Kollegen, die Ruine der Ritterburg hinter dem Fichtenwäldchen, die Ponys auf Tankwart Kohlmeyers Wiese... Alles wollte Pit Pia zeigen, alles.

»Ah, da kommt ja der Biertrinker!«, rief Frau Caracciola fröhlich, als Pit durch die Tür kam. »Möchtest du eine Limo?«

»Ich möchte Pia abholen.«

Pia rief fröhlich aus der Küche: »Ich komme schon!«

Zusammen liefen sie den Feldweg hinunter. Pit hüpfte, Pia tanzte. Den Enten und Wasserhühnchen winkten sie zu. Ein dicker Frosch machte einen Kopfsprung und tauchte unter die Seerosenblätter.

Pia zeigte auf den Ententeich. »Weißt du noch?«

Pit verzog das Gesicht, dann lachte er.

Sie zogen Schuhe und Strümpfe aus und rannten barfuß durch das Gras. Sie hatten kein Paddelboot und kein Tandem und kein Pony. Sie waren nur für sich, und das war schön so.

»Ist es wahr, dass du eigentlich Peter heißt?«, fragte Pia.

Pit nickte. »Manchmal sagt meine Mutter auch Pechvogel zu mir.«

»Pit Pechvogel, das hört sich schön an!«

»Ich weiß auch einen neuen Namen für dich«, sagte Pit. »Den hab ich mir gerade ausgedacht.«

»Dann sag ihn!«, bat Pia.

»Soll ich wirklich? Und du lachst mich bestimmt nicht aus?«

»Los, sag ihn schon!«

»Pia Tanzmaus. – Heh, du lachst ja doch!«

Ja, Pia lachte, weil sie sich über den Namen freute. Sie tanzte wirklich wie eine Tanzmaus über die Wiese. Pit wollte es ihr nachmachen, doch seine Hüpfer hatten mit Tanzen eigentlich nichts zu tun. Das machte aber nichts.

Der Wind blies noch immer die Gebirge der weißen Wolken über den Himmel. Der Duft von Spätsommerheu wehte noch immer durch das Dorf. Auf dem Marktplatz machte der Spielmannszug noch immer Musik.

Pit Pechvogel und Pia Tanzmaus waren sehr froh.

Ein ereignisreicher Tag

Jo Pestum
Die Ponyreiter im Räuberwald

Illustrationen von
Erhard Dietl
128 Seiten, ab 8 Jahre
ISBN 3-7707-3019-4

In Österreich im
Obelisk Verlag erhältlich
ISBN 3-85197-281-3

Diese Gelegenheit darf er sich einfach nicht entgehen lassen: eine Einladung bei Ludger und Maria, die soeben fünf wunderschöne Ponys gekauft haben. Da fehlt Pit nur noch eine zu seinem Glück: Pia! Gemeinsam machen die beiden einen Ausflug zu Pferde und wenn Pit nicht immer alles besser wüsste und so tun müsste, als könnte er stets alles, wäre der Ausritt sicher anders verlaufen.
Doch Pia kennt ihren Freund und seine Eigenart und lässt sich nicht aus der Ruhe bringen – auch dann nicht, als plötzlich ein Wolf auftaucht.

Ellermann Verlag

Für Mädchen und Jungen ab 8 Jahren

Kein Mensch möchte gern Nella-Propella gerufen werden, aber was soll Nella bloß gegen diesen Spitznamen machen? Klar, dass ihre Mama nicht verstehen kann, warum sie sich darüber so aufregt. Dafür ist sie einfach schon zu alt. Fünfundzwanzig! Aber sonst ist Nella mit ihrer Mutter sehr zufrieden...

Band 70429

Band 70432

Band 70436

dtv junior